MW01132637

José
el soñador

Dr. Kittim Silva

EDITORIAL
PORTAVOZ

La misión de *Editorial Portavoz* consiste en proporcionar productos de calidad
—con integridad y excelencia—, desde una perspectiva bíblica y confiable, que
animen a las personas a conocer y servir a Jesucristo.

De la serie *Sermones de grandes personajes bíblicos.*

Tomo 4: José el soñador, © 2005 por Kittim Silva y publicado
por Editorial Portavoz, filial de Kregel Inc., Grand Rapids,
Michigan 49505. Todos los derechos reservados.

EDITORIAL PORTAVOZ
2450 Oak Industrial Dr. NE
Grand Rapids, Michigan 49505 USA

Visítenos en: www.portavoz.com

ISBN 978-0-8254-1677-4

5 6 7 8 9 edición / año 25 24 23 22 21 20 19 18

Impreso en los Estados Unidos de América
Printed in the United States of America

Dedicado
a mi amigo
reverendo Jaime Pérez,
un soñador de Dios en lo que ha sido
el *Teen Challenge* de Puerto Rico
y el *Programa de Logros*.

Con su ejemplo él ha demostrado
que ver vidas transformadas por el poder de
Jesús de Nazaret es la mayor
recompensa de todas.

CONTENIDO

PRÓLOGO

José el soñador presenta una serie de sermones que expuse desde el púlpito de la **Iglesia Pentecostal de Jesucristo de Queens (IPJQ)** en la conocida y cosmopolita ciudad de Nueva York, donde ejerzo la tarea pastoral por más de dos décadas. También di a conocer estas enseñanzas en mi programa radial del ministerio *"Retorno"*, que por más de veintiún años he conducido por las varias frecuencias de *Radio Visión Cristiana Internacional*, cubriendo el área de varios estados de la nación norteamericana y países de Latinoamérica como Puerto Rico, Ecuador, Panamá, Colombia, República Dominicana, Perú, Uruguay y México, entre otros.

Ante convenciones y asambleas anuales de concilios pentecostales, entre estos las *Asambleas de Dios en México* y el *Distrito Hispano del Este de las Asambleas de Dios*, expuse algunos principios de esta temática. La reacción ha sido positiva. El ministerio, el liderazgo y los oyentes en general han quedado alentados con estas predicaciones expositivas.

Es importante que el lector sepa que las expresiones "el soñador", "el sueño", "los sueños"; las empleo no en lenguaje literal, sino figurado, para referirme a alguna meta, algún proyecto, alguna realización, algún plan, alguna actualización o propósito para lograr algo en la vida, donde Dios es importante en cualquier decisión que se pueda llevar a cabo. Todo aquello que se emprenda para Dios debe pasar por los filtros de la Palabra inspirada y por la asesoría y confirmación de aquellos que Dios ha puesto como autoridades espirituales en la iglesia.

No es un escrito sobre estudios de "sueños" en su sentido literal, es más bien una exposición para motivar e inspirar al que desea alcanzar algo en la vida, que quiere ser un triunfador, un realizador, un actualizador. Dondequiera que aparezca la palabra "soñador", usted la puede sustituir por cualquiera de las palabras que mencioné anteriormente.

No niego que Dios habla por sueños literales. Pero esto no se debe tomar como práctica corriente o común, sino como momentos especiales y particulares de Dios con un creyente. Y aun así se debe buscar la confirmación de estos sueños a la luz de la Palabra escrita de Dios y del testimonio de la iglesia. La Biblia es la regla infalible de fe y de conducta. Es el medio primordial a través del cual Dios se comunica con el creyente, sea leyéndola o cuando la misma es expuesta por un predicador.

Soñar no surge en un vacío emocional. Es más bien el resultado del esfuerzo, disciplina, dedicación y empeño en lograr algo glorificará el nombre de nuestro Señor Jesucristo y de alguna manera contribuirá a la extensión del reino de Dios aquí en la tierra. Lo antes expresado no se debe perder de vista cuando se lean o prediquen estos sermones.

La vida de *José el soñador* se mueve en el péndulo del fracaso y del éxito, del rechazo y de la aceptación, de la envidia y de la gracia divina. De uno que ha bajado hasta lo más bajo para subir hasta lo más alto. De él aprendemos que los soñadores se forman en el campo del desprecio, en la cisterna del abandono, en la casa de la tentación, en la cárcel del olvido y en el palacio de la memoria, pero sus sueños predichos se ven cumplidos un día.

José nos enseña que interpretando los sueños (metas, propósitos, logros) de otros, podemos contribuir a ver nuestros propios sueños cumplidos. El que sueña debe interpretar sueños. Ayudar a otros a realizar sus propios sueños, hace que logremos ver cumplidos los nuestros.

Primero, un soñador sin límites sabrá esperar por el momento cuando Dios le abra las puertas de las oportunidades; las cuales no contemplará, sino que entrará por ellas. La oportunidad para todo soñador llegará y se debe aprovechar. Una buena oportunidad tiene que ser captada por aquel que sueña. El pastor José Guillermo de la Rosa Solórzano, un ministro que trabaja asociado conmigo en Las Tunas, Cuba, ha dicho: "Buena suerte no es otra cosa que un encuentro entre búsqueda y oportunidad".

El evangelista de Nueva York, José A. Tejada, ha dicho: "Algo que he aprendido del pastor Kittim Silva, es que cuando te llegue una oportunidad de parte de Dios, identifícala y luego captúrala". Hoy este evangelista internacional, con su sede en la ciudad de Nueva York, goza de grandes logros y avances ministeriales, porque ha aprendido a captar oportunidades.

Para cada uno de nosotros, sin acepción de personas, Dios tiene un plan. Hemos venido a este mundo para ser algo o hacer algo, para cumplir con un propósito de parte de Dios. Nos toca a nosotros descubrir cuál es ese propósito y trabajar de acuerdo con Dios para que se cumpla.

Segundo, un soñador sin límites no se dejará dominar por sus pasiones, ni controlar por el medio que lo rodea. No dejará que nada ni nadie le apague los sueños y la visión para que su futuro no se le arruine. ¡Cuida tus sueños! El que sueña es libre de decidir en su vida.

Tercero, un soñador sin límites alcanzará la visión que vea en su espíritu. El tamaño de sus éxitos y logros se determinará por el tamaño de sus sueños. ¡La visión sueña el sueño posible! Según de grandes sean nuestros sueños, así de grandes serán nuestros logros. Sueña y triunfa debe ser la consigna de todo el que quiera superarse.

Es mi deseo que este libro, como lo han sido mis anteriores escritos, supla una necesidad para los creyentes en general, los líderes y los obreros del Señor Jesucristo.

Agradezco a la licenciada Carmen Torres por asistirme en el trabajo mecanográfico y de computación. Ella ha sido mi secretaria y lo ha hecho porque Dios la llamó a ser parte de un sueño.

Además agradezco a Editorial Portavoz la publicación de esta serie de personajes bíblicos. En especial, deseo reconocer la tarea realizada por el director del departamento editorial, José Luis Riverón, para llevar este proyecto a feliz término.

Dr. Kittim Silva
Queens, Nueva York

1

EL TRASFONDO DEL SOÑADOR

"Esta es la historia de la familia de Jacob: José, siendo de edad de diecisiete años, apacentaba las ovejas con sus hermanos; y el joven estaba con los hijos de Bilha y con los hijos de Zilpa, mujeres de su padre; e informaba José a su padre la mala fama de ellos" (Gn. 37:2).

Introducción

José enmarca una de las historias más maravillosas del registro histórico del Antiguo Testamento. Una historia salpicada por el amor de un padre anciano, el rechazo de unos hermanos envidiosos y el cuadro de sueños de grandeza. Donde la envidia, un complot para asesinarlo, el abandono en un cisterna, la venta a una caravana de traficantes de esclavos, la tentación en la casa de su amo Potifar, la prisión en una cárcel de Egipto acusado por la esposa de su amo de intento de ultraje y el ascenso desde allí hasta llegar a ser una persona muy influyente en el gobierno de Egipto, lo elevó a una posición desde la cual pudo dar una lección moral a sus hermanos y ser instrumento de bendición para su familia.

Sobre todo, José es y será siempre recordado como *un soñador*. Un hombre que soñó con un futuro de bendiciones para él y para su generación. Así como lo fueron Jacob y Daniel, destacadas figuras, uno de la época patriarcal y el otro del exilio babilónico. José fue *un soñador* destinado a cambiar el curso de dos pueblos, el de Egipto y el suyo propio.

El mundo con sus inventos, descubrimientos, mejoras al modo de vida, le debe mucho a los soñadores. Hombres y mujeres que sueñan ayudan a hacer de este mundo un mejor mundo. Los soñadores están en la ciencia, la política, la religión, el arte, la música, los descubrimientos, los inventos, la medicina, las leyes, en la familia, los trabajos, la industria, las congregaciones, se descubren en dondequiera.

I. Su oficio

> "siendo de edad de diecisiete años, apacentaba las ovejas..." (37:2).

José se muestra inmediatamente como participante de una gran herencia histórica: *"Esta es la historia de la familia de Jacob..."* *(37:2)*. Uno nace donde la providencia divina hace la elección. La elección de la familia en que nacemos y del lugar donde nacemos no la hacemos nosotros, lo hace Dios por nosotros. Algún día descubriremos, si no lo hemos descubierto todavía, porque nacimos donde nacimos. Todo ser humano nace con la herencia de una historia personal antes de que haga su propia historia.

Ese contexto de natalicio donde Dios nos ha ubicado nos prepara y capacita para que en nuestra vida se pueda cumplir el propósito divino. Dios nos prepara desde que nacemos. Por esto escoge para nosotros una etnia, un país y unos padres.

Dice la Palabra de Dios: *"El justo florecerá como la palmera"*. *"Será como árbol plantado junto a corrientes de agua"*. Allí donde Dios nos ha plantado tenemos que florecer. Seremos bendecidos cuando descubrimos que estamos en el lugar destinado por Dios para nuestra vida. Dios me plantó a mí en la ciudad de Nueva York y aquí me ha hecho florecer. ¿Dónde Dios le ha sembrado a usted?

José entró a este mundo para participar de la historia de un gran padre, de un gran abuelo y de un gran bisabuelo. Sus ancestros inmediatos fueron Jacob, Isaac y Abraham, tres generaciones que hicieron pactos con Dios y a las cuales Él se les reveló. José fue una generación de relevo que heredero bendiciones de otras generaciones.

Sin embargo, José también haría historia. Usted y yo hemos sido destinados para hacer historia y esta nos tiene un capítulo en blanco para que lo llenemos. No pasemos por las carreteras de este mundo desapercibidos, dejemos huellas históricas. No seamos transeúntes comunes y corrientes por la vida. Seamos caminantes extraordinarios que marchamos con metas.

Como dijo Miguel de Unamuno: "Caminante, no hay camino, se hace camino caminando". Tenemos que caminar para hacer camino. El éxito llega si lo buscamos. Triunfamos si nos proponemos triunfar.

La historia tiene preparado un pabellón para nosotros. Los que queramos soñar, emprender grandes cosas, tengamos metas y propongámonos alcanzarlas. A nosotros nos corresponde reclamar el lugar que nos toca. Pero hay que trabajar duro, con persistencia y con paciencia, para lograr ese espacio histórico. El éxito rara vez llega por accidente, la mayoría de las veces viene porque de manera premeditada y predispuesta uno se dispone a alcanzarlo.

Alguien dijo: "Los dichos son enanos, los hechos son gigantes". Seremos enanos o gigantes en este mundo de dichos o de hechos. Usted y yo decidiremos que queremos ser. Los que no sueñan son enanos de la historia.

José aparece con su nombre siguiendo inmediatamente al de su padre. Los soñadores por lo general son hijos de soñadores. Un líder que sueña tendrá discípulos que sueñan. Pastores soñadores tienen congregaciones soñadoras. Los soñadores tienen la capacidad inherente de multiplicarse en otros. Multiplíquese soñador en soñadores. Un pastor se multiplica en pastores, un evangelista en evangelistas, un escritor en escritores, un músico en músicos, un cantante en cantantes, un maestro en maestro. Porque cuando logramos algo, ayudamos a otros a lograr algo también.

José es presentado como *"siendo de edad de diecisiete años"* (37:2). Un joven para el cual Dios tenía un propósito y al cual le daría sueños del futuro. ¡Dios quiere usar a la juventud! Él cuenta con la juventud para traer cambios a esta generación.

Muchos se pasan lamentándose de lo que son y de lo que no alcanzaron. Se comparan con otros más jóvenes y le dicen: "Si yo tuviera tu edad, cuántas cosas no haría ahora." La pregunta como respuesta sería: "¿Y por qué no hiciste lo que estabas destinado para hacer?" Lo triste de estas personas, es que fueron jóvenes y no hicieron algo productivo. Todavía hoy tienen oportunidades, pero tampoco hacen algo. Se pasan la vida pensando en lo que no hicieron y no pensando en lo que pueden hacer.

Luego se nos revela su oficio: *"apacentaba las ovejas con sus hermanos"* (37:2). Aprendió de sus hermanos, andaba con sus hermanos y ayudaba a sus hermanos. Era un joven obediente y trabajador: Estaba *"con sus hermanos"* (37:2). Los que se aburren son los que nunca tienen nada que hacer. Los que siempre están ocupados haciendo algo, nunca se aburren y siempre el tiempo les sobra. Los aburridos aburren a otros, los ocupados motivan a otros.

Los que me conocen saben que soy una persona muy activa

(así como yo hay miles de ministros). Algunos me clasifican como un hiperactivo en el ministerio. Viajo continuamente a otros países, pastoreo y cumplo mi responsabilidad como obispo, soy miembro de varias juntas religiosas, escribo libros y redacto libros para otros colegas; soy anfitrión de programas de radio y de televisión, además de tener una familia. Pero aún así el tiempo me sobra. ¿Por qué? Porque he aprendido a administrarlo correctamente. Trabajo con el tiempo y no en contra del tiempo. Trato de que cada día me rinda el máximo, aprovechando bien cada hora del mismo. El tiempo y yo somos socios.

Si usted es una persona que siempre se encuentras traicionado por el tiempo, que llega tarde a muchos lugares, que nunca puede completar sus tareas diarias por la llamada "falta de tiempo" (en realidad esto es una falacia), adelante las manecillas de su reloj una hora. Desarrolle la disciplina de hacer todo a tiempo y de llegar a tiempo a los lugares. Cronometre su vida para dar el máximo del tiempo a la misma. Lo que pueda hacer hoy, hágalo hoy y no lo posponga para mañana. La transmisión de muchos es lento, despacio y retrasado. La de otros es lento, más lento y súper lento.

II. Su integridad

"e informaba José a su padre la mala
fama de ellos" (37:2).

José andaba con sus hermanos, pero nunca se dañó por la mala conducta de ellos. No cedió a patrones de conducta negativas. Lo malo que decían y hacían otros no se le pegaba. Anduvo con ellos, pero no se hizo como ellos.

Con positivismo contrarrestaba el negativismo. No fue un reflejo negativo de personas negativas. Seamos reflejos positivos de personas positivas. Fue un carácter positivo rodeado de caracteres negativos, que no se dejó polarizar. ¡Seamos positivos! Aislemos nuestra mente y corazón contra toda proyección e influencia negativas.

José sabía mantener su integridad de carácter. A espaldas de su padre Jacob no hacía lo que era malo. Era un joven de principios y de un elevado compromiso moral. La integridad es la credencial de los soñadores. No tener integridad es perderse uno mismo el respeto y perder el de los demás.

Cuando veía a alguno de sus hermanos actuando mal, con un comportamiento equivocado, haciendo cosas desagradables y que iban contra los principios enseñados en el hogar, José se lo comunicaba al padre. Para sus hermanos fue etiquetado como un "soplón". Era el que tenía los "ojos" y los "oídos" del padre.

A su padre no le guardaba secretos y en su corazón no le daba lugar al engaño y a la maldad. Prefería la crítica antes que ser partícipe del pecado ajeno. Uno se puede hacer culpable por asociación, cuando ve el mal y se queda callado. Muchos callan ante la injusticia y son tan culpables como los injustos. Se ha dicho: "El que calla otorga". Otros mantienen silencio cuando se habla mal de un siervo de Dios o de alguien en particular. Ellos son tan culpables como el chismoso que habla. Sé un hombre que sea conocido por justo y por defender lo que es justo, aunque esto no conlleve a que sea muy popular.

III. Su favor

"Y amaba Israel a José más que a todos sus hijos,
porque lo había tenido en su vejez; y le hizo una
túnica de diversos colores" (37:3).

Cuando yo era estudiante del *Teen Challenge Training Center* en Pennsylvania, aprendí que la primera tipología entre José y Jesucristo fue que lo amaba el padre. En el Señor Jesucristo vemos el amor del Padre celestial derramado sobre Él sin medidas. Dice la Palabra de Dios: *"Este es mi Hijo amado, en quien tengo complacencia"* (Mt. 3:17; cp. Mt. 17:5).

José fue el penúltimo hijo de la vejez de Jacob (Gn. 30:22-26); hijo de Raquel y hermano de Benjamín, que al nacer produjo un parto difícil para la madre de ambos (35:16-21). Por aquella mujer que verdaderamente amó Jacob, trabajo catorce años de su vida. Raquel le costó mucho (Gn. 29:18-30).

Hacia este hijo de la vejez, el padre tenía un amor especial. José era el primogénito de su amada Raquel. Dios tiene un amor único, maravilloso y eterno por todos esos creyentes que han transformado, que conforman y conformarán el Cuerpo místico de su Hijo que es esa compañía llamada la Iglesia.

Jacob amaba a José *"y le hizo una túnica de diversos colores"*. El valor de esa *"túnica"* estribaba en que fue hecha por un padre para su hijo. Representaba las obras del padre. El Padre celestial también le ha dado a la Iglesia la túnica del Espíritu Santo. Esos *"diversos colores"* nos hacen pensar en la gracia, la misericordia, la justicia, el amor y la fe que le han sido regalados al creyente. También nos recuerda que el Padre es un Dios de pacto.

Esa *"túnica de diversos colores"* distinguía a José, le ponía en una posición de favor ante el padre. Hacía que sus hermanos se fijaran en él. Aquellos que llegarán a soñar los sueños de Dios, siempre tendrán algún distintivo que los señalará. Dios los vestirá con una *"túnica de diversos colores"*.

Conclusión

(1) Aunque nacemos con una historia familiar cada uno tiene que escribir su propia historia. (2) En la vida hay que tomar la decisión de mantenerse firme en lo que es moralmente correcto, aunque la mayoría haga lo contrario. (3) Ser un hijo amado conlleva recompensas inesperadas.

EL RECHAZO DEL SOÑADOR

"Y viendo sus hermanos que su padre lo amaba más que a todos sus hermanos, le aborrecían, y no podían hablarle pacíficamente" (Gn. 37:4).

Introducción

Los que sueñan tienen metas, se mueven con propósitos, marchan por el camino del menosprecio, andan por la acera de la indiferencia, cruzan por el puente del marginamiento, se pasean por el malecón de la crítica, transitan por la avenida de la envidia y en su propia familia se llegan a sentir despreciados.

Muchos se sienten incómodos ante la presencia de alguien con metas. Lo rechazan en su espíritu, no les gusta estar cerca de él. Lo ven como una competencia y no como alguien que los puede ayudar. Le cierran las puertas de la amistad y de la confianza.

Llegar a ser un triunfador en Dios tiene un alto precio de sufrimiento y dolor emocional. Los triunfadores se forman en la escuela del rechazo y en la universidad del desprecio, siempre habrá alguien que no los quiera. Pero el rechazo debe ser una piedra grande sobre la cual un soñador se para y se levanta para ver más lejos.

En la vida triunfan los que no se les ha hecho fácil, que les ha costado trabajo abrirse paso, entre empujones y apretones, pero planificando llegan a donde Dios los ha destinado. ¡Subir a la cima lo exige todo! Cinco veces he ascendido el monte Sinaí en Egipto, casi tres mil metros de altura. Me ha tomado unas cuatro horas y no ha sido fácil, pero he aprendido que paciencia y constancia es la clave para hacerlo. La visión de llegar a la cima ha sido la mayor motivación de todas. Mientras estoy ascendiendo, solo pienso en que Dios me ayudará a llegar. El factor Dios es clave para el éxito de cualquier creyente.

I. La razón

> "Y viendo sus hermanos que su padre lo amaba más
> que a todos sus hermanos..." (37:4).

Hay acciones y afectos que son sensibles en la vida. El amor es algo que otros pueden ver. Cuando se ama a alguien se le demuestra. El amor es siempre una demostración. José gozaba de ser un recipiente del amor del padre. A diferencia de a sus hermanos, él se dejaba amar. Aquellos que fanfarronean de que aman, en realidad aparentan amar y no aman. Amar es siempre un darse así mismo.

En el mundo hay personas que no les dan la oportunidad a otros para que los amen. No siembran amor y por eso no cosechan amor. Lo que uno siembra, uno cosecha. El amor es una semilla que se debe sembrar en abundancia. No se nace amando, se aprende a amar porque una madre nos ama y un padre nos da amor. Para tener amor tenemos que amar. No se puede cosechar algo que no se ha sembrado. Esta es la ley de la siembra y de la cosecha.

El psicólogo Erich Fromm, uno de mis favoritos, ha dicho: "El amor es la preocupación activa por la vida y el crecimiento de lo que amamos" (*El arte de amar, PAIDOS, página 34*).

En el corazón de Dios hay un espacio grande para los realizadores. Los que rodean a estos y los conocen se pueden dar cuenta. Amar y ser amado es una de las más grandes necesidades emocionales del ser humano. Fuimos creados para amar y ser amados. ¡Dios ama para ser amado!

La terapia del amor no tiene sustitutos en este mundo. El desenfreno en que anda la humanidad es por la falta de amor. Las drogas, la prostitución, la homosexualidad, los crímenes, los robos son el reflejo social patológico de una sociedad vacía de amor que está enferma.

Los hermanos de José se dieron cuenta de cómo el padre lo amaba a él más que a ellos. Pero no hicieron algo por ganarse el amor del padre. En vez de ablandarse, ser más sensibles, más comprensibles, se endurecieron más. El alimentar un resentimiento de odio, ahoga más y más el sentimiento de amor al prójimo.

Muchos seres humanos se llenan de envidia ante la prosperidad de otros, en vez de preocuparse ellos de prosperar. Literalmente la envidia significa codiciar lo que tiene otro. El envidioso vive viendo con codicia lo que tiene su prójimo y no aprecia los méritos de esa persona. No puede aceptar la gracia de Dios sobre alguien.

Erich Fromm declara: "Si amo realmente a una persona, amo a todas las personas, amo al mundo, amo la vida. Si puedo decirle a alguien: 'Te amo', debo poder decir: 'Amo a todos en ti, a través de ti amo al mundo, en ti me amo también a mí mismo' " (*El arte de amar, PAIDOS, página 52*).

José gozaba de la gracia del padre. La gracia no se gana, se recibe. Es el favor que se le da a otros. Con esa gracia llegamos a ser lo que Dios quiere que seamos y somos aceptados ante los demás. Elecciones y promociones en la iglesia sin gracia ponen en posiciones de poder, pero no en aceptación total.

En todo lo que hagamos en esta vida, busquemos que tengamos gracia. Si predicamos, prediquemos con gracia. Si enseñamos, enseñemos con gracia. Si dirigimos, que lo hagamos con gracia. Hagamos todo con gracia.

En muchos círculos religiosos, ministerios, instituciones, organizaciones, se estima más la manipulación, la política "espiritual", el apadrinamiento humano, que la gracia y dones de Dios sobre una persona. En muchos casos los más habilidosos, los que pueden comprar el voto de otros, aquellos que saben cómo cabildear, son los que arrebatan y obtienen las posiciones. Se da más prioridad a la influencia que a los dones en una persona. Instituciones y congregaciones han entrado en quiebra espiritual por la falta de dirección espiritual en la selección de líderes dados por Dios.

Otros se vuelven "mercenarios espirituales", al que le ofrezca más, le rinden sus servicios. No son movidos por un ideal genuino, ni por una ética espiritual, sino por intereses personales y partidistas. Se van con el mejor postor. Votan a favor o en contra de lo que les conviene, no de lo que le conviene al reino de Dios.

II. La actitud

"le aborrecían..." (37:4).

Aborrecer a alguien es un sentimiento negativo que se expresa en un sentimiento de desprecio. El que aborrece a alguien se siente emocional y físicamente incómodo ante la presencia o la mención de esa otra persona. Todo lo que esa persona hace, habla o dicen de él es algo que le disgusta y molesta. En realidad, quien se siente así está proyectando que al no ser como aquella persona se rechaza así misma.

La envidia llevó a los hermanos de José a una actitud de aborrecimiento. Ya no lo veían como su hermano. Menos aún como su hermano menor, sino lo veían como un ser detestable, que les molestaba y que era lo peor que les había podido ocurrir en sus vidas.

¿Ha sentido alguna vez un sentimiento de aborrecimiento hacia alguien? ¿Qué síntomas han acompañado ese sentimiento de aborrecimiento? ¿Cómo se ha sentido cuando le ha tocado acompañar a esa persona? ¿Sentarse cerca de él, tener que hablar con él o participar en alguna actividad con esa persona? ¿Puede recordar el momento cuando comenzó a aborrecer a dicha persona? ¿Se le acercó para expresarle por qué se sentía de este modo?

Por otro lado, ¿se siente víctima del aborrecimiento de otra persona? ¿Por qué cree que ese alguien le está aborreciendo? ¿Le ha dado algún motivo a esa persona para sentir o aun expresar esa negatividad hacia usted? ¿Estaría dispuesto a buscar el arbitraje de un mediador entre los dos?

Recuerdo a un ministro al cual nunca le caí bien. (El no caerle bien a otros no es un problema, es algo normal.) Todo lo que yo hacía él siempre lo criticaba. Hablaba mal de mí en presencia de otros. Estando yo en posición de liderazgo y él un subalterno, se dedicaba a hacerme la vida y el ministerio difícil. Pero nada de lo que decía o hacía podía mellar la gracia que el Señor Jesucristo me había dado. Aunque tarde en su ministerio, tuvo que reconocer que Dios de alguna manera me había escogido con un propósito.

Los hermanos de José lo aborrecieron porque eran carnales. No entendían ni conocían la doctrina de la gracia. Miraban con ojos humanos y no con la visión del alma. La pecaminosidad de ellos chocaba contra la santidad de él. Se movían bajo los principios de la política del mundo, no conforme a los principios del reino y de la providencia divina.

El Señor Jesucristo declaró: *"Si fuerais del mundo, el mundo amaría lo suyo; pero porque no sois del mundo, antes yo os elegí del mundo, por eso el mundo os aborrece"* (Jn. 15:19).

El mundo de los despiertos fracasados aborrece a los despiertos logradores. Muchos que no logran algo en la vida aborrecen a los que si logran algo. Decía E. Zolá: "La realidad y la miseria me oprimen, y sin embargo sueño todavía".

Los alcanzadores de metas caminan por la acera del desprecio y por el callejón del rechazo. Aun antes de muchos alcanzar algo en la vida, ya las bendiciones del Padre celestial florean su vida.

III. La comunicación

"y no podían hablarle pacíficamente" (37:4).

Entre el futuro realizador y sus hermanos, comenzó a desarrollarse un problema serio de comunicación. Estos no le hablaban pacíficamente a él. Sus conversaciones hacia José eran negativas, salpicadas de agresividad. No le trasmitían paz, sino contienda y discordia. Eran unos agresores verbales y unos golpeadores emocionales.

Entre José y ellos no había compatibilidad espiritual, no había atracción espiritual. Entre los espirituales y los no espirituales. Los que verdaderamente aman a Dios y los que lo aman a medias, habrá siempre un choque de personalidades.

El soñador no podía permitir que conversaciones malsanas y enfermas le apagaran el deseo de soñar. Tenía que ser un pensador positivo. ¡Un ser humano que con optimismo miraba la vida! Lo que otros decían negativamente de él y a él, no era más importante que el derecho que él se daba de aceptarlo. De usted y de mí cualquiera tiene derecho a opinar bien o mal, pero de usted y de mí depende que atención damos a la opinión de los demás.

El Dr. Norman Vincent Peale, reconocido como "el padre del pensamiento positivo", a quien muchas veces escuché en el *Marble Collegiate Church*, en la Calle West 29 y la 5ta Avenida el Midtown en Manhattan, y a cuyo funeral tuve el privilegio de asistir, dedicó muchas décadas de su vida y ministerio para enseñarle a otros a ser personas positivas y tenaces. Su libro *El pensamiento positivo* o *El pensamiento tenaz* ha sido uno de los libros de más venta en el mundo. Para él, el pensamiento positivo no era otra cosa sino el ejercicio de la fe y la confianza en Dios y en aquellos recursos humanos que Él nos ha dado.

El Dr. Myles Munroe dice: "Tú necesitas gente alrededor de ti que puedan creer en sueños mucho más grandes que el tuyo propio. Para que puedan estar avivando tu visión... Una persona con entendimiento va a hacer que tu sueño se levante desde ese pozo profundo dentro de ti y te va a ayudar a avanzar verdaderamente hacia tu visión" (*Los principios y el poder de la visión*, Whitetaker House, página 70).

Entre José el soñador y David el ungido hay un doble paralelismo: (1) Ambos fueron hermanos menores (Gn. 37:3 y 1 S. 17:12-14). En ambos casos el hijo menor es el elegido por la providencia divina. (2) Ambos fueron blancos de un lenguaje no pacifista por parte de sus hermanos (Gn. 37:4 y 1 S. 17:28-30).

Muchos no le hablarán pacíficamente a alguien con planes, ni tendrán un mensaje de paz para aquellos que serán los futuros realizadores de Dios. Hay quienes le prestan sus bocas al diablo para maldecir a los triunfadores. ¡El diablo no quiere que recibamos los planes de Dios! ¡Por esto tenemos que clausurar nuestros oídos! No les podemos prestar ninguna atención a los incrédulos de los sueños.

No permitas que nada ni nadie lo condicione al fracaso. Deje que aquellos "facilitadores espirituales" que Dios trae o traerá cerca de usted, sean los que le motiven a pensar en posibilidades y a creer en cosas grandes. Propóngase alcanzar algo y lo alcanzará.

Conclusión

(1) Siembra amor y cosecharás amor. (2) Aquellos que planifican serán aborrecidos por los que no planifican. (3) No podemos esperar que siempre se nos hable pacíficamente.

LA ENVIDIA HACIA EL SOÑADOR

3

"Y sus hermanos le tenían envidia, mas su padre
meditaba en esto" (Gn. 37:11).

Introducción

A pesar del maltrato y del rechazo de sus consanguíneos, en José se desarrolló un soñador. Contó otro sueño a sus hermanos y estos lo aborrecieron más todavía (37:5). Él se vio en el sueño junto a sus hermanos atando manojos en el campo. Los manojos de ellos se inclinaban ante el de él que estaba en medio (37:7). Ellos entendieron que eso significaba someterse al señorío de José y le aborrecieron más (37:8).

Tuvo un segundo sueño donde vio al sol, la luna y once estrellas que se inclinaban a él. Le declaró el sueño a sus hermanos (37:9) y también a su padre con ellos (37:10). En esta ocasión su padre le llamó la atención (37:10) pero meditó en lo que José dijo. Sus hermanos, por el contrario, lo envidiaron aún más (37:11).

I. La declaración

"Y soñó José un sueño, y lo contó a sus hermanos; y
ellos llegaron a aborrecerle más todavía" (37:5).

Aquellos que tienen metas cuentan a otros sus metas; aunque no todo el mundo les crea y acepten. Pero cuéntalas, porque al hacerlo cambia cualquier incredulidad en fe. Además, afirma en su subsconciente las metas. Los visionarios siempre se confrontarán con los incrédulos del éxito, con los que hablan del rechazo, con los fiscales de la derrota y con los jueces del fracaso.

Un triunfador tiene que declarar las metas que tiene. Las metas son para darse a conocer, para ser contadas a los demás.

José llamó a sus hermanos y teniéndolos como audiencia, les

declaró su primer sueño: El de los manojos inclinados delante de
su manojo. Fue un sueño de un futuro brillante, de logros futuros
y de promesas humanas. A cada uno de nosotros Dios, en algún
momento de nuestra vida, le dará un plan del futuro. En él
veremos lo que Dios planea hacer con nosotros y a través de
nosotros. La mayor revelación para cualquier ser humano es saber
que Dios cuenta con nosotros para hacer algo en este mundo.
Jesucristo nos tiene en sus planes divinos.

El sueño es el ideal de un ser humano. Es la visión de un futuro
glorioso. Es la realización de un propósito señalado para uno.
Soñar es el derecho de cada ser humano. Bien lo expresó Pierre
Curie: "Es necesario hacer de la vida un sueño y del sueño, una
realidad".

Ese primer sueño será causa de que muchos nos aborrezcan,
que nos tilden de engreídos futuristas y de mimados positivistas.
Lo oirán con oídos carnales, pero no lo verán con ojos espirituales.
El mundo aborrece a los soñadores de Dios. No está listo para
algunos de ellos. Le subestimarán y lo tendrán en poco.

En toda generación los soñadores son mal vistos. Son
malinterpretados. Solo se logra apreciarlos cuando la necesidad
los busca y los invita a ser parte de la solución en algún problema.
Y los que no creyeron en sus sueños serán los que más se
beneficiarán.

Exprese su ideas aunque otros no se las crean. Al contarlas
usted las cree, las proclama, y un día esas ideas serán una realidad.
El mundo debe saber que es un soñador, que visualiza con
optimismo el futuro. En nuestro presente levantamos las vigas
para construir sueños futuros. Somos arquitectos y diseñadores
del futuro que Dios nos tiene preparado.

II. La continuación

> "y lo contó a sus hermanos, diciendo: He aquí que he
> soñado otro sueño, y he aquí que el sol y la luna y
> once estrellas se inclinaban a mí" (37:9).

José no se dejó atrapar en el pantano del desánimo. Aunque a
causa del primer sueño los hermanos *"le aborrecieron aún más"*
(37:8), volvió a soñar y les contó lo que había soñado (37:9). Si le
creían o no, eso era problema de ellos y no de él. Él los contaba
porque sabía que estos sueños venían de Dios y que su familia
sería parte de dicho cumplimiento.

El primer sueño de José se enmarcó en la tierra y la agricultura.

El segundo se enmarca en el cielo y la astronomía. Aunque los sueños variaban, el significado era el mismo. Los objetivos eran idénticos. Dios siempre revela su propósito de muchas maneras. Su mensaje viene del cielo o viene de la tierra.

Primero, *"y lo contó a su padre y a sus hermanos..."* (37:10.) Una vez más el soñador cuenta su sueño. No lo entiende, pero lo da a conocer. Muchos propósitos de éxito en la vida no se entienden en el presente, pero se entenderán en el futuro. Esta vez el soñador declaró su sueño tanto a su padre como a sus hermanos. Quería que los que estaban próximos a él fueran testigos del mismo antes que se cumpliera. Nadie debe contar un sueño de otro, sino su propio sueño. Las personas tienden a exagerar o a restarle importancia a las metas de otro. Solo el soñador puede narrar su sueño.

Segundo, *"y su padre le reprendió, y le dijo: ¿Qué sueño es este que soñaste? ¿Acaso vendremos yo y tu madre y tus hermanos a postrarnos en tierra ante ti?"* (37:10). Ni aun su padre Jacob, que en su juventud fue también un soñador, entendió la dimensión espiritual del sueño de su hijo José. Muchos padres espirituales tampoco entienden los planes de sus hijos triunfadores. Hay líderes que carecen de madurez para comprender lo que Dios intenta hacer con algún subalterno.

Peor aún son los que cuando ven a un hijo en el ministerio, que comienza a actuar "raro" contando sus planes, se vuelven piedras de tropiezo para él. En lugar de alentarlo, lo desalientan. Esto causa tristeza en el corazón de estos "hijos espirituales". Llegan a sentirse "huérfanos" de la paternidad espiritual.

Muchos pastores con programas de parte de Dios para una congregación, se han tenido que enfrentar al rechazo de líderes sin visión, sin sensibilidad espiritual, que en sus actitudes se hacen incompatibles espiritualmente con el carácter del mismo.

Jacob reprendió a José. Le llamó la atención. Se olvidó que una autoridad mayor que la suya fue la que le dio el sueño a José. El soñador fue humilde y sumiso, no se rebeló contra su autoridad, aunque esta se equivocó con él. Cuando quien es su autoridad espiritual no le entienda, no sea sensible a lo que Dios está haciendo con usted, no se rebele, sea paciente y ore para que Dios confirme en el corazón de la misma lo que ya le ha revelado a su corazón.

"¿Qué sueño es este que soñaste?" Esta es la primera pregunta. Jacob estaba totalmente sorprendido. Este sueño de su hijo le había impactado. Lo sacudió en su interior emocional. Las

implicaciones del sueño eran muy difíciles en sus aplicaciones. José fue sometido a un interrogatorio espiritual, ante el mismo tenía que mostrar una actitud de humildad.

"*¿Acaso vendremos yo y tu madre y tus hermanos a postrarnos en tierra ante ti?*" Esta es la segunda pregunta. Jacob, sin darse cuenta, ofrece la interpretación. Pasaron años antes de verse este cumplimiento. Muchos interpretan los propósitos de los triunfadores aun criticándolos. Sin darse cuenta de que proclaman el futuro. Es interesante que ya Raquel, la madre de José, había fallecido camino a Efrata desde Bet-el al dar a luz a Benjamín, hermano de padre y madre del soñador (Gn. 35:16-21). Aquí se emplea una figura literaria de sinécdoque, donde se pone el todo por la parte o la parte por el todo. Se refería a toda la familia de José.

III. La envidia
"Y sus hermanos le tenían envidia, mas su padre meditaba en esto" (37:11).

Jacob sabía muy adentro de su corazón, que detrás de todo esto se escondía la providencia divina. Su hijo había sido escogido para ser un instrumento futuro de Dios. ¿Cómo y cuándo? Era algo que solo lo dirían Dios y el futuro.

Primero, "*y sus hermanos le tenían envidia...*" El envidioso es enemigo de la visión y de los propósitos. Aborrece al que los tiene. Le envidia su futuro. Los que no tienen metas envidian al que las tiene. Los envidiosos son personas emocional y espiritualmente inmaduras. Los hermanos mayores de José envidiaron a su hermano menor. La envidia quiere lo que otro tiene.

La envidia es una enfermedad mala. Daña el corazón, corrompe el alma. Si no se trata a tiempo, produce odio y destrucción hacia aquel que se envidia. Ella es una ladrona del éxito y del triunfo de otros. Los que la experimentan vivirán toda la vida frustrados y estancados.

Segundo, "*mas su padre meditaba en esto*". En el corazón de Jacob se encendió una luz reveladora. Por intuición espiritual sintió que algo se cumpliría algún día en José. Muchos presienten lo que Dios hará con los soñadores.

Las Escrituras declaran que María la madre de Jesús, después del encuentro de Él a los doce años con los maestros de la ley, "*guardaba todas estas cosas en su corazón*" (Lc. 2:51). En el corazón se *hornean* los propósitos de Dios para que no se queden *crudos* en su cumplimiento. Se tienen que hornear a fuego lento, sin prisa y pacientemente. En una ocasión una amada hermana en la fe me dijo: "Kittim, nunca te olvides que segundo a segundo se va uno acercando a la hora". Napoleón Bonaparte acostumbraba decir a su vestidor: "Vísteme despacio que estoy de prisa".

Conclusión

(1) Cuente sus planes a otros aunque sean incrédulos (2) No se desanime cuando alguien en quien confía le regañe por lo que planifica (3) No se sorprenda si los más cercanos a usted le envidian cuando expresa lo que desea alcanzar.

LA OBEDIENCIA DEL SOÑADOR

"Y dijo Israel a José: Tus hermanos apacientan las ovejas en Siquem: ven, y te enviaré a ellos. Y él respondió: Heme aquí" (Gn. 37:13).

Introducción

Génesis 37:12-17 nos presenta a un José obediente y sometido a su autoridad espiritual: Su padre Israel o Jacob. Su padre lo llamó, *"ven"* (37:13), y él vino, lo envió, *"ve ahora"* (37:14), y él fue. Él cumplió con la misión de hallar a sus hermanos, *"y los halló en Dotán"* (37:17). José se retrata como un hijo sumiso a la voluntad del padre, uno que oye y obedece, que se le delega algo y esta presto para cumplirlo.

I. La elección

"... ven, y te enviaré a ellos" (37:13).

Los hermanos de José eran pastores de ovejas y fueron a Siquem para atender las ovejas de su padre (37:12). Es interesante que las ovejas no eran de ellos, sino de su padre. Ellos eran administradores y no los dueños. Las ovejas en el rebaño espiritual son de nuestro Señor Jesucristo, los pastores y los líderes somos asistentes de Dios. No es nuestro rebaño, es el rebaño de Él.

Dios tiene que formar en cada pastor un corazón de pastor. Ese corazón es el determinante cuando tenemos que pastorear ovejas, ovejas y corderos difíciles de ser pastoreados, además de la manada de cabras que Dios pone bajo el cuidado pastoral que finalmente se convertirán muchas de ellas en ovejas. ¡El pastor huele siempre a oveja!

Los que pastorean ovejas espirituales deben tener claro en sus corazones que son mayordomos en la obra del Señor. Tendrán que rendir cuentas por el trato, cuidado y atención que den a las ovejas del Señor Jesucristo.

"Ven" es un llamado. ¡Dios es el que llama! Es un llamado al que sabe escuchar la voz de Dios. El triunfador es una persona que se deja llamar. Cuando somos fieles en lo poco, Él nos pondrá en lo mucho. *"su señor le dijo: Bien, buen siervo y fiel. Sobre poco has sido fiel, sobre mucho te pondré; entra en el gozo de tu señor"* (Mt. 25:23).

"Y te enviaré a ellos". Al llamado le acompaña la misión. José fue llamado y enviado. Dios está llamado a un hombre que esté en disposición de ir al lugar que el Señor le quiera enviar. La misión de José era a sus consanguíneos, a los de su casa. Los misioneros y evangelistas deben comenzar primero en su casa. La familia es el primer campo misionero para cualquier hombre llamado por Dios.

"Y él respondió: Heme aquí". Aquí hay disposición. Estos fueron las primeras palabra del profeta Isaías (6:8). Al llamado divino se responde con la disposición del corazón. El ministerio no es una obligación, es una decisión, una opción. Dios está buscando hombres que se dejen reclutar para la obra del ministerio.

Los realizadores son personas dispuestas a obedecer y a hacer. Saben decir: *"Heme aquí"* a las oportunidades de trabajo que se les presentan. Los éxitos se alimentan de oportunidades. Robert Schuller ha dicho: "Descubre una necesidad y llénala". Aquellos que son perezosos jamás triunfan en la vida y si lo hacen, ha sido por accidente, no por premeditación o predisposición.

II. La obediencia

"E Israel le dijo: Ve ahora, mira cómo están tus hermanos y cómo están las ovejas, y tráeme la respuesta. Y lo envió del valle de Hebrón, y llegó a Siquem" (37:14).

"Ve ahora". Fue una orden inmediata. Muchos quieren ministerios a su tiempo, pero no *"ahora"* que el Señor Jesucristo los necesita. Sé de muchos que están esperando retirarse de sus trabajos, a los sesenta o sesenta y cinco años, para entonces dedicarse a la obra del ministerio. Para entonces les darán al Señor y al trabajo de la obra, los residuos de su vitalidad y fuerza. Es

"ahora" que se le debe dar todo a Dios. No busque trabajo en la obra de Dios cuando ya no pueda rendir un buen trabajo. ¡Hágalo ahora mismo!

"Mira cómo están tus hermanos". El preocuparnos por nuestros hermanos es un deber y una responsabilidad. A José, Jacob lo envió para ver como estaban sus consanguíneos. Cuando Dios interrogó al fratricida Caín, este le ripostó con una indiferente pregunta: *"¿Soy yo acaso guarda de mi hermano?"* (Gn. 4:9). Caín no se sentía responsable por la seguridad y el cuidado de su hermano Abel, quien era más espiritual y consagrado.

"Y cómo están las ovejas". Estas no eran sus ovejas, eran las de su padre. José tenía la responsabilidad de observar en qué estado se encontraban. De interesarse por ellas. Todo soñador le preocupa atender las ovejas del rebaño del Señor Jesucristo. El bienestar de otros debe ser responsabilidad de todo creyente.

"Y tráeme la respuesta". A José se le delegó un trabajo, una encomienda, una tarea y tenía que tener una "respuesta". El triunfador es una persona de "respuestas" que sabe dar "respuestas". Cuando se le delega algo sabe dar la "respuesta". A las preguntas del mundo, la iglesia debe dar respuestas. Muchos creyentes andan buscando respuestas, cuando son ellos los que las deben dar.

"Y lo envió del valle de Hebrón, y llegó a Siquem". José fue enviado y llegó. Cuando Dios le traza una ruta al realizador en el mapa de su voluntad, este la debe seguir. Cambiar las instrucciones divinas puede desviarlo del plan y propósito del Señor. Comience donde Dios le habla y termine donde Dios le envía.

III. La búsqueda

"José respondió: Busco a mis hermanos; te ruego que me muestres dónde están apacentando" (37:16).

Mientras José andaba desorientado y errante por el campo, fue hallado por un hombre que se interesó en lo que este buscaba (37:15). Los triunfadores son hombres y mujeres que siempre andan buscando algo. La providencia divina les proveerá de alguien que los pueda ayudar.

"¿Qué buscas?" Esta es la pregunta que debe contestar todo soñador. El éxito y el triunfo se tienen que buscar en la vida. Muchas buenas oportunidades se tienen que procurar. El éxito no le llegará a nadie que no lo busca. Hasta que no sepamos que estamos buscamos en la vida, difícilmente lo podremos encontrar.

Definir lo que estamos buscando determinará lo que encontraremos.

"Busco a mis hermanos". Los logradores saben responder a las preguntas de la vida. No se callan cuando tienen que hablar. Están claros en lo que buscan. Aquel que no sabe lo que quiere, ni lo que busca, no verá sus sueños realizados.

El hombre le informó al soñador que sus hermanos dijeron: *"Vamos a Dotán" (37:17)*. Sin demora José fue tras sus hermanos a Dotán (37:17). Él aceptó la orientación que se le dio. En el transcurso de la vida de los soñadores Dios les pondrá en el camino personas para darles la correcta dirección del lugar al cual deben llegar. Los soñadores deben oírlos.

Conclusión

(1) El triunfador le abre las puertas a las oportunidades y les da la bienvenida cuando se presentan. (2) El triunfador no esquiva las preguntas que se le hacen, procura contestarlas. (3) El triunfador es un viajero incansable en la búsqueda del éxito.

LA CONSPIRACIÓN CONTRA EL SOÑADOR

"Cuando ellos lo vieron de lejos, antes que llegara
cerca de ellos, conspiraron contra él para matarle"
(Gn. 37:18).

Introducción

A la distancia José fue reconocido por sus hermanos. Ellos conspiraron contra él con pensamientos homicidas (37:18). Dijeron: *"He aquí viene el soñador" (37:19).* El plan era matarlo. Arrojarlo en una cisterna del desierto para que una bestia lo devorara (37:20).

Su hermano Rubén salió en su defensa y propuso echarlo en una cisterna, teniendo la esperanza de que este regresara a su padre (37:21-22). Cuando José llegó lo despojaron de la túnica de colores y lo echaron en una cisterna vacía (37:24).

Mientras sus consanguíneos comían, vieron una caravana ismaelita de Galaad. Judá su hermano propuso que en vez de darle ellos muerte, fuera vendido a aquella caravana como esclavo. Estos pagaron veinte piezas de plata por José, el precio regular de un esclavo (37:25-28).

I. La conspiración

"Cuando ellos lo vieron de lejos, antes que llegara
cerca de ellos, conspiraron contra él para matarle"
(37:18).

La conspiración tiene connotaciones negativas. Es cuando un grupo de personas, a veces con intereses opuestos, se juntan con el propósito de hacer daño o de apagar la influencia de alguien. Lo más triste de todo es saber que entre los conspiradores se encuentran uno que otro en el cual hemos llegado a confiar, pero que por beneficio propio está dispuesto a negociar una amistad sincera y de confianza. El peor de todos los traidores es aquel en el cual hemos llegado más a confiar.

Los que están en posiciones de liderazgo no deben sorprenderse cuando alguna conspiración contra ellos se levanta. Las posiciones son codiciadas y a muchos les apetece. Como bien lo expresó el que fuera presidente de la República Dominicana Don Hipólito Mejías, en una reunión privada que tuvimos con él en su despacho presidencial, al referirse a su posición me dijo: "El carguito gusta y no me lo voy a dejar quitar fácilmente".

José fue la víctima, sus hermanos los victimarios. Lamentablemente en el ministerio nos encontramos con muchos conspiradores. Ellos se unen para establecer sus propósitos, aunque los mismos vayan en contra del propósito de Dios. Se interesan más en ellos que en la obra del Señor Jesucristo.

Los no soñadores conspiran a una contra los soñadores para matarlos. Leemos: *Cuando ellos lo vieron de lejos, antes que llegara cerca de ellos, conspiraron contra él para matarle" (37:18).* Al soñador José lo reconocieron a la distancia. Los soñadores son siempre reconocidos. Se les puede marginar, detestar o no querer, pero hay que reconocerlos. Es imposible ver a un soñador y aunque esté lejos no reconocerlo. Su presencia es visible en cualquier lugar que esté. Siempre son notados. No importa el lugar donde se sienta un líder en una mesa, allí estará la cabecera de la misma.

Escuchemos lo que dijeron: *"He aquí viene el soñador" (37:19).* Lo que para ellos era una mofa, un desprecio, un sobrenombre, era la declaración del propósito divino en la vida de aquel joven recipiente de los sueños de Dios. Muchos al hablar de otros con desprecio afirman lo que estos son en realidad. La burla de los hermanos de José sería la bendición de él. Aquel que le maldice, sin darse cuenta, lo bendice. Dios toma esas maldiciones y las recicla en bendiciones para la vida de usted.

Prestemos atención a esta expresión: *"He aquí viene el soñador".* ¿Cómo se refieren algunos a usted cuándo lo ven llegar? ¿Qué sobrenombre le dan en sus conversaciones privadas? ¿De qué manera se mofan de usted? Estoy seguro de que de usted y de mí se dice algo de manera burlona. Pero como me dijo un día mi buen amigo el Dr. Israel Suárez, cuando le expresé algo negativo que unos ministros dijeron de mí. Su respuesta inmediata fue: "El derecho de ellos de hablar de ti, bueno o malo, no se lo puedes quitar. Pero el derecho de escuchar lo malo que digan de ti, esa es tu opción personal". ¡Santo remedio!

En el corazón de estos hermanos envidiosos nació un plan de maldad y de crimen: *"Ahora pues, venid, y matémosle y echémosle en una cisterna, y diremos: alguna mala bestia lo devoró; y veremos que será de sus sueños" (37:20).*

Hicieron una convocatoria para eliminar al soñador. Si moría el soñador morirían sus sueños. Los que sueñan serán víctimas de la conspiración del celo y la envidia. Pero aunque un soñador muera, su sueño le sobrevivirá porque el sueño es mayor que el soñador. Estos culparían a alguna mala bestia de haberlo devorado. Todo estaba orquestado desde su punto de vista.

Harían su maldad, pero querían salir con las manos limpias. Muchos que parecen que tienen manos limpias, hace tiempo que se las ensuciaron al dañar a hombres que Dios llamó y puso en la obra del ministerio.

Prestemos atención a esta declaración: *"Y veremos que será de sus sueños".* Así pensaron los enemigos segregacionistas y racistas del Reverendo Martín Luther King, Jr; quien declaró en su histórico discurso en las escalinatas del capitolio en Washington: "Yo tengo un sueño..." En Memphis, Tennessee, una bala le cercenó la vida pero su sueño ha inspirado a millones. Un día federal en los Estados Unidos de América (15 de enero) lo recuerda, cientos de avenidas, calles y escuelas llevan su nombre. Murió el soñador, pero no su sueño.

El sueño de Bolívar, de Hostos, de Sucre, de Martí, de Juárez, entre algunos, todavía vive en nuestra América Latina. Los sueños son más grandes que los soñadores. ¡Sueña! Soñar es pensar más allá de nuestras limitaciones, es creer en lo imposible como posible, es ver metas como algo que se puede alcanzar... Es depender de Jesucristo para lograr alcanzar alguna meta en la vida.

II. La intercesión

"Cuando Rubén oyó esto, lo libró de sus manos, y dijo: No lo matemos" (37:21).

Siempre habrá algún Rubén que intente mediar a favor de la vida de algún José. El ministerio del mediador es importante. Cuando el triunfador no se puede defender, alguien debe hacerlo. De todos sus hermanos malos, Rubén era el menos malo. Muchos son malos, pero son menos malos que otros.

Leemos: *"Cuando Rubén oyó esto, lo libró de sus manos, y dijo: No lo matemos" (37:21).* Si un Rubén oye que alguien conspira para matar a algún soñador, no debe unirse ni apoyar ningún plan de aniquilamiento.

A su intercesión, Rubén añade las palabras: *"No derraméis sangre; echadlo en esta cisterna que está en el desierto, y no pongáis mano en él; por librarlo así de sus manos, para hacerlo volver a su padre"* (37:22).

"No derraméis sangre". Rubén los detiene de cometer homicidio. En esa junta presentó una moción de enmienda a la moción principal acompañada de unas cuantas razones. Les sugirió: *"Echadlo en esta cisterna que está en el desierto"*. Antes de ver a su hermano menor muerto, prefirió que se le dejara en una cisterna. Todo era malo, pero era una alternativa mejor.

"Y no pongáis mano en él". ¡Tremendo mensaje de amonestación! ¡Qué forma de cuidarlo! Hay que cuidarse de ponerle la mano encima a los soñadores. Se puede discrepar con ellos, pero no se les puede eliminar. Estar en desacuerdo con alguien, con algún soñador, no implica ponerle la mano encima.

"Por librarlo así de sus manos". Rubén conocía el corazón de sus hermanos contra José. Él se constituía en el guardador, en el protector y en el instrumento para cuidar de la vida de su hermano soñador. ¿Por qué motivo hacia esto? Dice la Palabra de Dios: *"para hacerlo volver a su padre"*. Pero con todas estas buenas intenciones, a Rubén le faltó lo que le falta a muchos: El carácter. Se muestran muy compasivos, muy preocupados, con deseos de ayudar, pero les falta carácter como hijos de Dios.

III. El despojamiento

"Sucedió, pues, que cuando llegó José a sus hermanos, ellos quitaron a José su túnica, la túnica de colores que tenía sobre sí" (37:23).

José fue despojado de su *"túnica de colores"*. Por ella la envidia y el rechazo se despertó en sus hermanos. Esa *"túnica de colores"* les causaba molestia y se la tenían que quitar. Cuídese de aquel o aquellos que le quieren quitar la *"túnica de colores"*.

A muchos les disgusta ver a un soñador con una *"túnica de colores"*. No pueden entender lo que es la gracia del Padre celestial. ¿Por qué Dios da a alguien dones, capacidades y privilegios, que no da a otros? ¿Por qué muchos tiene espiritualmente una *"túnica de colores"* y otros no? Porque esa es la gracia de Dios. Los hermanos de José no entendían la gracia de Dios sobre la vida de una persona. Veían con envidia la *"túnica de colores"*, en lugar de verla con aceptación.

Allí mismo tomaron a José, le echaron a una cisterna. Pero el primer milagro ocurre: *"Pero la cisterna estaba vacía, no había en ella agua"* *(37:24)*. Dios tomó control de su circunstancia. ¡Su providencia obró para que la cisterna estuviera vacía! ¡Los soñadores, los triunfadores, los realizadores, los actualizadores, viven bajo la presencia de milagros!

Mientras los hermanos del soñador comían pan, vieron a una caravana de ismaelitas que procedían de Galaad con camellos cargados de aromas, bálsamo y mirra que llevaban a Egipto (37:25).

A Judá se le ocurrió decir: *"¿Qué provecho hay en que matemos a nuestro hermano y encubramos su muerte? Venid y vendámosle a los ismaelitas, y no sea nuestra mano sobre él; porque él es nuestro hermano, nuestra propia carne"* *(37:26-27)*.

José fue vendido por veinte piezas de plata a los ismaelitas, el precio de un esclavo en aquel entonces (37:28). José es un tipo mesiánico de nuestro Señor Jesucristo, quien milenios después fue traicionado por Judas Iscariote por el precio de treinta piezas de plata (Mt. 26:14-16). Judá ofreció vender a José, Judas ofreció vender a Jesús.

Judá era una persona sin carácter, sin integridad, uno que no sabía pararse del lado de la justicia. Aunque parecía ayudar a su hermano, a quien ayudaba era al fiscal de su propia conciencia. ¡No defendió a un soñador! José fue llevado a Egipto (37:28).

Conclusión

(1) Muchos conspirarán contra aquellos hombres y mujeres que son recipientes de proyectos, pero los proyectos son mayores que los soñadores. (2) Cuando un realizador no sabe de quien será victima, aquel que lo sabe debe defenderlo. (3) Las *"túnicas de colores"* en un triunfador puede ser la gracia que lo levanta sobre otros.

6

EL LLORO POR EL SOÑADOR

"Y se levantaron todos sus hijos y todas sus hijas
para consolarlo; mas él no quiso recibir consuelo, y
dijo: Descenderé enlutado a mi hijo hasta el Seol. Y
lo lloró su padre" (Gn. 37:35).

Introducción

Rubén, el primogénito de Jacob (Gn. 29:32), quien sugirió que echaran a José en la cisterna, regresó al sitio y no lo encontró (37:29). Esto lo inquietó e indagó ante sus hermanos por él (37:30).

Tomando ellos la *"túnica de colores"* de José la tiñeron con sangre de un cabrito (37:31) y se la hicieron llegar a su padre Jacob como prueba de su muerte (37:32). Al este verla se convenció de que alguna bestia salvaje lo había matado (37:33). Por muchos días guardó luto por él (37:34), que ni aun sus hijos lo podían consolar (37:35).

I. La preocupación

"Despeés Rubén volvió a la cisterna, y no halló a José
dentro, y rasgó sus vestidos" (37:29).

Rubén, hermano mayor del soñador, quien trató de protegerle la vida y sugirió echarlo en una cisterna, cuando regresó al lugar halló que José había desaparecido y *"rasgó sus vestidos"* (37:29). Como señal de indignación, molestia y desacuerdo. La desaparición de su hermano soñador afectó su vida. Cuando un soñador desaparece, muchos sentirán tristeza, dolor, amargura y malestar. Los soñadores hacen falta en la familia. Un mundo sin soñadores está incompleto. Aunque algunos se sientan mejor sin los soñadores, muchos si los echarán de menos.

Rubén inmediatamente va a sus hermanos y pregunta por el soñador: *"...El joven no parece; y yo, ¿adónde iré yo?"* (37:30). El paradero de su hermano le preocupaba y qué sería del mismo. Ante su padre Jacob, Rubén el primogénito era responsable de José, su antepenúltimo hermano. ¿Dónde podrá ir cuando un soñador desaparece? ¿Qué cuentas podrá darle a Dios por no haber cuidado a un soñador? Somos responsables de cuidar y proteger a todos esos soñadores con planes que Dios trae ante nosotros.

Perder a un soñador puede ser perder un sueño; detener un propósito inmediato de Dios, agrietar la historia, detener un futuro. Tenemos que preocuparnos por el presente y el futuro de los soñadores. No se pueden dejar solos y abandonados cuando más se necesitan.

II. El encubrimiento

"Entonces tomaron ellos la túnica de José y degollaron un cabrito de las cabras, y tiñeron la túnica con la sangre; y enviaron la túnica de colores y la trajeron a su padre, y dijeron: Esto hemos hallado; reconoce ahora si es la túnica de tu hijo, o no" (37:31-32).

Nunca sus hermanos le dieron una respuesta a Rubén. Su pregunta se quedó sin ser contestada. Por el contrario, decidieron degollar un cabrito y teñir con sangre aquella bella *"túnica de colores"*, llevándola a Jacob para que identificara esta ropa como de José.

No solo envidiaron la *"túnica de colores"*, también la ensuciaron con sangre. Muchos envidian ministerios, dones, unciones y la gracia que el todopoderoso pone sobre otros. Cuando logran quitarle algo, lo que hacen es dañarlo con sus manos y con sus pies. Toman bellas túnicas de colores y las dañan por causa del celo y de la envidia.

Los *espirituales* y los que tienen discernimiento siempre identificarán las túnicas de colores que pertenecieron a algún hijo soñador. Aunque se manche esa *"túnica de colores"*, seguirá siendo algo que identifique al soñador.

Veamos la mentira: *"¡Esto hemos hallado!"* (37:32). Eran unos mentirosos. ¡Estaban enfermos psicológicamente! Habían perdido la ética y la integridad. Tenían dormida la conciencia. Con una facilidad increíble le mintieron a su padre. Los enemigos del soñador mienten fácilmente acerca de este. Se inventan cualquier cosa en su afán de justificar sus maldades fraternales.

Jacob miró aquella túnica que él le había regalado a su hijo José. No había dudas, era la misma. Declaró: *"La túnica de mi hijo es; alguna mala bestia lo devoró; José ha sido despedazado"* (37:33). Lo que es y ha sido de algún realizador siempre es reconocido. La *"túnica de colores"* siempre se sabrá a quién le pertenece.

III. El efecto

"Entonces Jacob rasgó sus vestidos, y puso cilicio
sobre sus lomos, y guardó luto por su hijo muchos
días" (37:34).

La mala noticia que sus hijos dieron a su padre Jacob lo afectó sobremanera. Allí mismo rasgó sus vestidos, se echó cilicio encima y durante muchos días guardó luto por su hijo desaparecido, pero muerto para él. En carne propia experimentó la muerte de su amado hijo.

Los hijos y las hijas de Jacob trataron de consolarlo, *"mas él no quiso recibir consuelo"* (37:35). Nada mi nadie podía traer consuelo al corazón del anciano Jacob. El vacío dejado por José no se podía llenar por alguna palabra de consolación. Cuando un soñador desaparece hay luto y desconsuelo. Los soñadores hacen mucha falta. Su asiento vacío causa tristeza. Cada vez que un soñador abandona una congregación por la incomprensión y renuncia a algún ministerio por la oposición, días oscuros vienen sobre estos lugares y personas.

Soñar, triunfar, planificar, realizar son el privilegio de los que quieren entrar por las puertas de las oportunidades. El que tiene planes y metas se toma el derecho de llegar a ser lo que debe ser. Alimente su sueño y vivirá por ese sueño.

Jacob declaró: *"Descenderé enlutado a mi hijo hasta el Seol. Y lo lloró su padre"* (37:35). Solo la muerte podría sacar a Jacob de su luto por José. Él no veía alguna posibilidad de que José llegara a él; pero tenía la esperanza, al creer que estaba muerto, que en el Seol lo vería.

Leemos: *"Y lo lloró su padre"* (37:35). Los hermanos no lo lloraron, pero si lo lloró su padre. Muchos no llorarán a los soñadores pero siempre habrá alguien que los llorará, que sentirá el vacío que han dejado.

Este capítulo termina con las palabras: *"Y los madianitas lo vendieron en Egipto a Potifar, oficial de Faraón, capitán de la guardia"* (37:36). José termina en un viaje, en un negocio extraño, en una tierra extraña, con un amo extraño de nombre Potifar, un capitán de la guardia privada de Faraón. Pero su desgracia sería transformada en un pretexto para Dios manifestarle su gracia. Dios acompañó a José a Egipto, no fue solo.

Conclusión

(1) Cuando el soñador desaparece siempre habrá quien se preocupe por él. (2) Muchos envidian la *"túnica de colores"* del soñador y al no tenerla se apropian de ella y la manchan. (3) La desaparición del soñador desconsuela.

LA PROSPERIDAD DEL SOÑADOR

"Mas Jehová estaba con José, y fue varón próspero; y estaba en la casa de su amo el egipcio" (Gn. 39:2).

Introducción

Un oficial, que tenía el rango de capitán en la guardia de Faraón, compró a José como esclavo de manos de los ismaelitas (39:2). Pronto su amo Potifar vio cómo prosperaba y hacía las cosas prosperar (39:3). Potifar decidió poner todo en poder de José (39:4).

A causa del soñador, Dios bendijo todo lo que tenía Potifar, en su casa y fuera de ella (39:5). Su amo lo hizo mayordomo de todo (39:6). El soñador es bendición y bendice, prospera y hace prosperar. Es causa de bendición y de éxito. Asociarse con un soñador es asegurase beneficios espirituales.

I. La causa de su prosperidad

"Mas Jehová estaba con José, y fue varón próspero; y estaba en la casa de su amo el egipcio" (39:2).

El futuro del soñador estaba en manos de aquellos mercaderes de esclavos ismaelitas, sus propios primos genealógicos. El padre de José lo fue Jacob y su abuelo lo fue Isaac quien era hermano de Ismael. Aquellos ismaelitas eran congénitamente sus parientes en la carne, pero no en el Espíritu. Muchos conocen a los soñadores en la carne, pero le ven como extraños en el Espíritu.

"Mas Jehová estaba con José..." Dios estaba con José porque él estaba con Dios. El Señor no puede estar con alguien que no desea estar con Él. Esto habla de comunión y de relación. El que anda

con Dios, anda acompañado y no camina solo. Tenemos que estar en Dios y con su presencia.

Aun en esos momentos difíciles que nos toca vivir, cuando todo parece ir en contra de nosotros, cuando contamos más las pruebas que las bendiciones, allí se mete Dios y no nos deja solos aunque nos sintamos sin Él. Hace un tiempo atrás leí este pensamiento en el hogar de un pastor en Las Arenas, Zacapa, Guatemala: "No digas cuán grande es tu problema, sino cuán grande es el Dios de tus problemas".

"Y que todo lo que él hacía, Jehová lo hacía prosperar". Cuando dice *"todo"*, es porque no había algo que José atendiera o hiciera que en su mano no se multiplicara. Los soñadores son signos de multiplicación. La causa de esa prosperidad era Dios mismo. Esta era su fuente de éxito.

José no era un perfeccionista, lo cual es una anomalía psicológica. El perfeccionista vive angustiado consigo mismo y con los demás al ver que las cosas no quedan tan perfectas como él cree. Por el contrario, aquel que ama a Dios y ama a su prójimo hará siempre más de lo que corresponde hacer, dará el máximo en todo. Esto se conoce como excelencia. Será una persona que realizará todo con iniciativa propia. Se esforzará por realizarlo bien. En sus tareas y trabajos no habrá mediocridad. Lidia Rodríguez, del *Ministerio El Buen Pastor* de Miami, Florida, es un ejemplo de una líder que hace las cosas con excelencia. Todo lo que dice y hace en su congregación es con excelencia.

Hombres y mujeres empresarios, hagan que Dios sea parte de sus empresas. Busquen su dirección en cualquier negocio que quieran emprender. Oren a Dios aun cuando les toque reclutar algún nuevo empleado o cuando les corresponda despedirlo. Pero según sean prosperados, ayuden a prosperar la obra de Dios. Su empresa debe promocionarse por la excelencia y el buen trato al cliente o consumidor. Pero para que triunfe como un empresario cristiano, haga que Jesucristo sea su socio principal y el más grande inversionista.

"Y estaba en la casa de su amo el egipcio". Un pez fuera de la pecera no puede respirar. José fuera de su casa, en una casa extraña, pudo prosperar. ¡Un triunfador no es confinado por su medio ambiente! ¡La persona es más importante que el lugar! Aunque José era esclavo, su bendición no podía ser esclava. Estaba preso en el cuerpo, pero libre en el Espíritu.

II. El efecto de su prosperidad

"Así halló José gracia en sus ojos, y le servía; y él le
hizo mayordomo de su casa y entregó en su poder
todo lo que tenía" (39:4).

"Así halló José gracia en sus ojos". La gracia fue un imán que
atrajo la atención de Potifar hacia aquel joven esclavo. La gracia
de Dios en un soñador la promueve, lo levanta, lo hace ser
aceptado, le abre puertas, lo pone en favor y aceptación. La gracia
mueve y promueve, levanta y exalta.

José no tenía nada, hablando humanamente. Es más, estaba
en desventaja pero por la gracia divina logró un lugar de
aceptación a los ojos de su amo Potifar. ¡Dios mismo lo
recomendaba!

"Y le servía". Los logradores son servidores de la humanidad.
Viven para servir a otros. Con su servicio dan testimonio de su
fe. El mundo debe ser considerado como la clientela a la cual
Dios quiere que sirvamos y nosotros como los encargados que
trabajamos para Dios sirviendo.

La puerta hacia la realización de los sueños es la del servicio.

"Y él le hizo mayordomo de su casa…" La palabra *"mayordomo"*
significa el encargado de la casa, el principal de la casa, el
administrador de la casa. La palabra *"domo"* se refiere a *"casa"*.
El servicio eficaz y consecuente del triunfador lo promueve en
su carrera al éxito. Potifar, el amo egipcio, puso todo lo que poseía
bajo la administración del joven José. A los jóvenes se les tiene
que dar la oportunidad de ser promovidos y de llegar a ser
confiables.

"Y entregó en su poder todo lo que tenía". Solo a los responsables
se les puede delegar las grandes tareas. Los realizadores no hablan
mucho, hacen mucho. No se duermen en las tareas asignadas,
las realizan con prontitud y determinación. El éxito no es de gente
haragana, perezosa, vaga, sino de la trabajadora. Gente con
iniciativa propia, que hacen las cosas aunque nadie le diga que
las hagan.

III. El resultado de su prosperidad

"Y aconteció que este cuando le dio el encargo de su
casa y de todo lo que tenía, Jehová bendijo la casa
del egipcio a causa de José, y la bendición de Jehová

estaba sobre todo lo que tenía, así en casa como en el campo" (39:5).

Todo lo que el soñador tocaba era bendecido. Los realizadores de Dios son gente de bendición a otros. Por ser bendición, ellos transforman todo en bendición. ¡Sueña, toca y bendice!

Un inconverso como Potifar fue prosperado y bendecido porque tenía a su lado a un creyente bendecido. En la casa del egipcio todo parecía estar estancado, los negocios no prosperaban, no había avance. Cuando encargó de todo a José, la prosperidad comenzó a fluir. Me llama la atención esta expresión: *"Jehová bendijo la casa del egipcio a causa de José"*. Los triunfadores son causa de milagros económicos, domésticos y laborales. Una persona bendecida produce bendiciones. José no buscaba la bendición, la bendición lo buscaba a él y él era la bendición.

En Génesis 12:2 leemos: *"Y haré de ti una nación grande, y te bendeciré, y engrandeceré tu nombre, y serás bendición"*. Esta promesa le fue dada a Abraham por la misma boca del Todopoderoso. Notemos que es Dios todo el tiempo actuando sobre Abraham y concluye: *"Y serás bendición"*. Dios trasforma a seres humanos en bendición por su voluntad, los hace su propósito para servir a su generación. A David Dios lo levantó con un propósito para su generación (Hch. 13:36).

Con lo que tenemos y con lo que somos bendecimos a otros. El mundo debe vernos como la bendición de Dios. Diga conmigo: "¡Yo soy bendición a otros!" ¡Somos bendecidos para bendecir!

Todo lo que poseía Potifar fue bendecido por la presencia de José el soñador. En su casa había bendición y fuera de su casa llegaba también la bendición.

Potifar delegó todo en las manos de José y no tenía que preocuparse por nada *"sino del pan que comía" (39:6)*. El soñador tenía el don de administrar. Nunca había sido un administrador, pero el Espíritu Santo le enseñó a administrar. ¡Cuántas cosas quiere enseñarnos el Espíritu Santo, solo necesita que le demos la oportunidad de obrar en nosotros!

Conclusión

(1) El triunfador debe ser conocido por el Espíritu Santo. (2) El triunfador aunque no tenga nada, si es fiel Dios lo promoverá. (3) El triunfador es bendecido para bendecir.

LA TENTACIÓN DEL SOÑADOR

"Aconteció después de esto, que la mujer de su amo
puso sus ojos en José, y dijo: Duerme conmigo"
(Gn. 39:7).

Introducción

El diablo nunca descansa. No toma libre los fines de semanas ni toma vacaciones. Aquellos que son usados por la providencia divina son el blanco de sus ataques. Cuando el plan "A" le falla, este espíritu malo aplica el plan "B". Con José le falló el primero, ahora le aplica el segundo.

La mujer de Potifar se llenó de malsana pasión por José, un joven esclavo hebreo. Llegó al extremo de intentarlo ultrajar. ¡Una mujer ultrajando a un joven! ¡Que ironía de la vida! Una mujer casada que quiere tener una aventura amorosa con una tercera persona, y es joven. Peor aún, ella es alguien que no sueña y que trata de ultrajar a un soñador de todos sus sueños. José en toda esta novela real de la vida brilla como una víctima de un sistema social.

I. La seducción

"Aconteció después de esto, que la mujer de su amo
puso sus ojos en José, y dijo: Duerme conmigo"
(39:7).

José no puso sus ojos en la señora Potifar, ella los puso en él. Ella representa todo lo que trata de desviar la atención de cualquier soñador. El enemigo de nuestras almas siempre tiene sus ojos puestos en los planificadores. Buenos ojos y malos ojos observan a los planificadores.

La tentación del soñador

Los planificadores tienen planes, metas, objetivos y una agenda que no pueden permitir que nada ni nadie los distraiga o saque de su camino. El mundo con su mirada y picardía buscará coquetear y engañar con los que Dios tiene propósitos. Estos son creyentes con los que Dios tiene planes de grandes cosas y que harán historia.

En Génesis 39:6 dice: *"...Y era José de hermoso semblante y bella presencia"*. Era un tipo bien parecido, que atraía la mirada de cualquier mujer. Muchos hombres y mujeres han sido agraciados con la belleza y la hermosura. Pero a veces esta puede ser una desventaja. En el caso de José, este regalo de la naturaleza levantó un sentimiento seductor en una mujer como la de Potifar.

Ella le dijo a José: *"Duerme conmigo"*. Era la invitación al fracaso personal, la desobediencia a Dios, la destrucción de un propósito divino y el tronchar un sueño para su generación. Un triunfador no duerme con nada ni con nadie que lo pueda hacer tener una pesadilla. Los triunfadores se cuidarán de no tener pesadillas.

A lo que el joven José, un soñador en potencia, uno que cambiaría el futuro, que sería historia y haría historia, reacciona negativamente y con una tremenda madurez espiritual. A su lado no tenía algún líder espiritual, ni a su padre, ni a nadie que lo ayudara a tomar esta decisión, pero tenía a Dios dentro de su corazón y estaba dentro del corazón de Dios. El íntegro actúa correctamente aunque nadie lo esté viendo. Sabe que es visto por Dios.

Leemos: *"Y él no quiso, y dijo a la mujer de su amo: He aquí que mi señor no se preocupa conmigo de lo que hay en casa, y ha puesto en mi mano todo lo que tiene" (39:8)*.

Potifar confiaba todo en manos de este joven esclavo hebreo. Lo había promovido a la posición de administrador. Era alguien en quien podía confiar, cerrar sus ojos y dormir tranquilo. José no estaba dispuesto a arruinar este privilegio de confianza, esta oportunidad de servicio. Era un administrador de bienes ajenos y tenía que ser fiel. En su descripción de trabajo no estaba lo que le solicitaba esta mujer casada.

En 1 Corintios 4:2 leemos: *"Ahora bien, se requiere de los administradores, que cada uno sea hallado fiel"*.

En 1 Pedro 4:10 leemos: *"Cada uno según el don que ha recibido, minístrelo a los otros, como buenos administradores de la multiforme gracia de Dios"*.

II. La convicción

"No hay otro mejor que yo en esta casa, y ninguna
cosa me ha reservado sino a ti, por cuanto tú eres su
mujer; ¿cómo, pues, haría yo este grande mal, y
pecaría contra Dios?" (39:9).

José tenía esculpido en su corazón los Diez Mandamientos. El séptimo mandamiento dice: *"No cometerás adulterio"* (Éx. 20:14). Él no podía cometer adulterio porque no era casado. Pero el décimo mandamiento dice: *"No codiciarás la casa de tu prójimo, no codiciarás la mujer de tu prójimo, ni su siervo, ni su criado, ni su buey, ni su asno, ni cosa alguna de tu prójimo"* (Éx. 20:17).

Los triunfadores son personas de convicciones espirituales, tienen fuertes valores morales y espirituales, tienen la ley divina en su corazón. José sabía cuál era su posición y cuáles las de su amo. Y sabía que el mismo era posesión espiritual del Dios del cielo.

Las convicciones son importantes en los logros humanos. La ética situacional declara que acomodemos nuestras convicciones, valores morales, conducta social y comportamiento a la situación presente. Esto está completamente equivocado. No acomodamos la ética a nosotros, nosotros nos acomodamos a la ética.

III. La convicción

"Hablando ella a José cada día, y no escuchándola él
para acostarse al lado de ella, para estar con ella"
(39:10).

Con palabras, con insistencia intelectual y emocional, la mujer de Potifar buscaba seducir y tener relaciones íntimas con José. Ella hablaba, pero él no la escuchaba. En su vida el realizador oirá muchas cosas, pero no tiene que escucharlas. Tiene que cerrar los oídos a mucho de lo que el mundo y los carnales dicen. El derecho de hablar no se le puede quitar a nadie, pero el derecho de escuchar nadie nos lo puede quitar a nosotros.

Lo invitaba a "estar" y a "acostarse" con ella. De su parte quedaba aceptarla o rechazarla, decirle sí o decirle no. El soñador le cerró las puertas de su voluntad y le dijo no. Los triunfadores serán presionados de continuo a hacer cosas que no le convienen, tomar decisiones equivocadas, a rendir su voluntad a lo que es malo. Pero estos no pueden mirar el presente y caer ante las presiones de la vida, tiene que mirar al futuro.

No podemos olvidar que José era un esclavo, era propiedad de Potifar y de su esposa. Cualquier otro esclavo hubiera visto esto como la oportunidad de obtener beneficios para sí.

Si el realizador es un hombre de negocios, que dirige alguna empresa, que realiza algún trabajo donde es responsable del dinero, no se dejará corromper por una venta, por aumentar el precio de algo o para engañar a algún cliente. Con la integridad, el realizador da testimonio de su relación con Jesucristo.

Un momento de intimidad sexual con aquella mujer seductora le hubiera quizá traído muchos privilegios a José, pero el pecado lo hubiera alejado del propósito de Dios. Hubiera llegado a ser un atrofiado espiritual. Se puede perder un brazo, una pierna, la vista, el oído, pero si uno pierde la santidad lo pierde todo. El peor de todas las incapacidades es aquella causada por el pecado de perder la santidad y la unción.

Caer en pecado es ofender a Dios. Es desgraciarnos a nosotros mismos, desgraciar a nuestra pareja, desgraciar a nuestra familia y desgraciar a todos los que un día pusieron su confianza en nosotros. Un momento de placer no es negocio para una vida de desgracia.

No podemos impedirle a los perros ladrar, pero podemos cuidarnos de que nos muerdan. Don Quijote le dijo a Sancho Panza: "Sancho: Cuando los perros ladran es porque estamos avanzando". Mientras le decía esto, ambos continuaban cabalgando.

No escuche todo lo que le dicen. Las tentaciones hablan y hay que cerrarle los oídos. En la vida lo más difícil es decir "no", pero hay que aprender a decir "no": "¡No tengo!" "¡No puedo!" "¡No iré!" "¡No hablaré!" "¡No reaccionaré!" "¡No participaré!" "¡No criticaré!" "¡No me descontrolaré!" "¡No cometeré impurezas sexuales!" "¡No cometeré adulterio ni fornicación!" "¡No engañaré!"

Conclusión

(1) El realizador no se dejará distraer por nada ni por nadie en su empeño de alcanzar su sueño. (2) El realizador no negocia sus convicciones por el éxito temporal. (3) El realizador aprenderá a decir "no" a las ofertas dañinas del mundo.

LA DIFAMACIÓN DEL SOÑADOR

"Y ella lo asió por su ropa, diciendo: Duerme conmigo. Entonces él dejó su ropa en las manos de ella, y huyó y salió" (Gn. 39:12).

Introducción

La mujer de Potifar, aprovechándose de una oportunidad en la que José y ella estaban solos en la casa (39:11), buscó tener relaciones con él, pero este huyó (39:12). Ella lo acusó ante los criados de que intentó ultrajarla (39:14). A la llegada de su esposo Potifar, ella acusó a José y presentó su ropa como prueba de un intento de ultraje (39:16-18).

El que no se prestó a pecar, es acusado de querer pecar. La que lo acusaba proyectaba su propia culpa. El diablo deseaba destruir al soñador en lo moral, atacando su integridad y dañando su reputación.

I. La oportunidad

"Aconteció que entró el un día en casa para hacer su oficio, y no había nadie de los de casa allí" (39:11).

José el soñador a pesar de la situación que había surgido entre él y la esposa de su amo Potifar, continuó cumpliendo con sus deberes y responsabilidades.

La responsabilidad humana va por encima de los conflictos y de los desaires. Cuando esté en una posición, sea secular o de servicio en la iglesia local, y se sienta ofendido, maltratado, desconsiderado, poco apreciado, cumpla el término de la misma. No sea un cobarde que a la más mínima presión, abandona y huye.

El actualizador sabe separar las personas de los asuntos; ya que los asuntos no se pueden mezclar con las personas, aunque estén relacionados. Por ejemplo, hay personas que tienen problemas, desacuerdos o rivalidades con otras y enfocan su ataque en la organización. Estos no saben separar lo personal de lo institucional.

Leemos: *"Aconteció que entró él un día en casa para hacer su oficio..."* José continuó asistiendo a su trabajo como acostumbraba hacerlo diariamente. Él sabía que tenía un oficio que realizar y no podía permitir que su estado de ánimo o el de su ama lo frustrara. Tenemos que cumplir con nuestras responsabilidades, aunque estemos enfrentando alguna dificultad donde trabajemos o seamos miembros.

Los actualizadores no pueden ser personas ociosas ni perezosas. El éxito no llega sin trabajo. Las realizaciones son el efecto de las transpiraciones. La vida de una persona joven que no trabaja es aburrida. El ser humano tiene que estar ocupado en algo. Me encontré con una joven, que sonriéndose delante de sus padres me dijo: "Pastor, ayúdeme a conseguir un trabajo". La miré y le contesté: "Te tengo un trabajo ahora mismo". Ella sorprendida me preguntó: "¿Cuál es ese trabajo?" Le repuse muy tranquilamente: "El trabajo que te tengo, no cobrarás por el mismo, pero te producirá un trabajo en el que podrás cobrar. Ese trabajo es el de buscar un trabajo". Me miró y me dijo: "Yo pensaba que usted me hablaría de otro trabajo".

Esta responsabilidad de José de presentarse siempre a su oficio la aprovecharía la mujer de Potifar. Ella todavía no desistía en su empeño. Perseguiría a su presa hasta buscar atraparlo. El diablo busca oportunidades para meterse de entrometido y tratar de arruinarle los sueños al soñador. Él odia sus sueños y odia al soñador. Así como nos encontraremos con personas positivamente significativas en que logremos realizar nuestros sueños, también tropezaremos con personas negativamente significativas en desayudarnos para no realizar nuestros sueños.

Leemos: *"Y no había nadie de los de la casa allí"*. Un lugar solo, con una persona del sexo opuesto sola, puede crear un ambiente que nos puede llevar al fracaso. La mujer de Potifar estaba velando y buscando una oportunidad de encontrarse a solas con el joven hebreo. ¡Y por fin le llegó!

II. La huída

> "Y ella lo asió por su ropa, diciendo: Duerme
> conmigo. Entonces él dejó su ropa en las manos de
> ella, y huyó y salió" (39:12).

La pasión en esta mujer la enloqueció, la enceguecíó, la puso sexualmente agresiva. Como él no quería entregar, ella decidió tomarlo a la fuerza y obligarlo a que le respondiera a sus apetitos sexuales.

Ella le decía: *"Duerme conmigo"*. Lo estaba obligando a hacer algo contra su voluntad. Le estaba violando sus derechos de persona y su capacidad de tomar decisiones. Quiso imponer su voluntad egoísta sobre la de él.

Los actualizadores no se pueden dejar dominar por nadie que les quiera apagar sus sueños y arruinarle su futuro. Si José se acostaba con ella, él perdería la gracia y la unción divina, Dios le retiraría sus metas. ¡No duerma con nada que le quite sus metas! ¡Ellas son más importantes que cualquier placer que este mundo le quiera ofrecer! ¡Usted será lo que llegue a planificar! No se acuestes a dormir con nadie que le invite a la cama del pecado, porque cuanto se levante, se levantará con una pesadilla. Sansón se acostó con Dalila y cuando se levantó, se levantó sin unción y sin poder.

Leemos: *"Entonces él dejó sus ropas en las manos de ella, y huyó y salió"*. Los actualizadores son hombres y mujeres que huyen de las tentaciones. Se le salen al diablo de sus trampas. Prefieren perder algo a perder su sueño; su integridad, su ética de conducta, su derecho a ser libre en su voluntad. Con las tentaciones no se juega. Son peligrosas. Hay que huir lo más lejos posible de ellas.

Los que le tienen miedo al pecado, huyen de él. A estos el mundo los clasifica como *cobardes* y *miedosos* de pecar. ¡Es mejor ser un cobarde ante la tentación, pero ser un valiente ante la santidad de Dios!

En 2 Timoteo 2:22 leemos: *"Huye también de las pasiones juveniles, y sigue la justicia, la fe, el amor y la paz, con las que de corazón limpio invocan al Señor"*.

Este consejo forma parte de la teología pastoral que un veterano como Pablo expone a un joven recluta como Timoteo. Le aconseja: *"Huye también de las pasiones juveniles"*. Las tentaciones buscan rebelar aquellos deseos naturales contra la santidad de Dios. Algunos elementos espirituales para vencer la tentación son:

Primero, "la justicia". La justificación significa "ser libre de la pena y condenación por el pecado". La justicia de Dios nos es atribuida por causa del Señor Jesucristo. Por causa de la justicia que nos ha sido dada, el pecado no puede tener dominio en nuestra vida.

Segundo, "la fe". Una vida justificada y santa se vive por fe. Se necesita "fe" para no pecar, para alejarse del pecado. La fidelidad y confianza, sinónimos de fe, son necesarios en tener y en mantener una relación de comunión con Dios. ¡Pecamos si nos place! Nosotros somos los que decidimos si pecamos o no.

Tercero, "el amor". Dios tiene que ser amado sobre todas las cosas. Entregarse a una tentación es amar esa tentación. Esta realidad de que amamos a Dios nos frena de chocar contra el camión del pecado o estrellarnos en el avión de la tentación. Jesucristo quiere un corazón completo que lo ame a Él. Ese amor a Jesucristo no se puede compartir con nadie más, ni nada más.

El amor a Dios no acepta ídolos delante del mismo. A Dios amamos primero, luego amamos a nuestra familia, a nuestro prójimo y a nosotros mismos. Es imposible, es un absurdo, decir que amamos al prójimo, pero no nos amamos a nosotros mismos.

Cuarto, "la paz". Hacer la voluntad divina, que incluye no pecar contra Él, produce un estado de satisfacción y una *"eirene"* (paz) interna, que se exterioriza en lo que somos y hacemos. Hemos sido llamados a estar en paz. En momentos de tormentas espirituales y emocionales, el Señor Jesucristo prometió a sus discípulos la *"eirene"*.

"... *sino que a paz nos llamó Dios*" (1 Co. 7:15).

"... *y el Dios de paz estará con nosotros*" (Fil. 4:9).

"...*Paz a vosotros*" (Jn. 20:19).

Se puede tener un hogar sin una casa y una casa sin un hogar; solo la paz de Dios construye un hogar en una casa. Los placeres producen alegría, pero la paz produce el gozo del Espíritu Santo en la vida de cualquier santo.

III. La difamación

"Llamó a los de casa, y les hablo diciendo: Mirad, nos ha traído un hebreo para que hiciese burla de nosotros. Vino él a mí para dormir conmigo, y yo di grandes voces" (39:14).

La victimaria se hace la víctima, la mala pasa a buena, la pecadora quiere parecer inocente. El amor pasional de la señora Potifar se transformó en odio pasional.

Cuando José huyó de ella, se sintió rechazada, despreciada, su mundo de fantasías pasionales se le esfumó. Como cualquiera mala de novelas, actuó como la corderita cuando en realidad era una leona hambrienta. Su amor pasional se transformó en odio pasional.

Notemos esta declaración: *"Mirad, nos ha traído un hebreo para que hiciese burla de nosotros..." (39:14)*. Antes lo veía como un semejante, como un hombre común en la creación antropológica y como un semejante en la clasificación sociológica. Ahora lo ve con los ojos de la clasificación de la discriminación, de la estigmatización. Ya no habla de José, acusa a un hebreo. Lo que ella quería locamente, lo aborrece con todas las fuerzas de su alma pecaminosa.

Lo ataca señalándolo como enemigo de muchos. *"Nos ha traído un hebreo para que hiciese burla de nosotros"*. El ser humano cuando se siente rechazado o atrapado hace coaliciones, alianzas o se integra a grupos. En el caso de esta señora, inventa una difamación de carácter sobre el soñador, acusándolo de que en su condición de hebreo hizo burla de los egipcios. Le estaba rompiendo su círculo de amigos egipcios. Buscaba producir un disgusto emocional hacia José o un estado de antipatía.

Muchos se unen a otros porque les conviene. Se hacen "mercenarios sociales". Venden sus principios y sus servicios a cambio de alguna remuneración o favor futuros. La traición es su desayuno diario, la hipocresía es su almuerzo de todos los días y la falta de sinceridad es su cena vespertina.

Tenemos que ser buenos sicólogos tratando con aquellas personas que buscan manipular con el empleo de referencias plurales, para así criticar, atacar, difamar o decir algo por lo que no quieren asumir responsabilidades individuales.

Cuando alguien le dice lo que otros están diciendo de usted, tenga mucho cuidado: (1) Es la misma persona la que en realidad está haciendo o diciendo algo de usted. (2) Al utilizar a un grupo imaginario, la referida persona se está escondiendo detrás del mismo. (3) Un verdadero amigo nunca será cartero de lo que otro dice de usted. Él se defenderá y confrontará a esa persona con usted. El que es verdaderamente su amigo nunca perderá el tiempo escuchando a los que hablan chismes en contra de usted.

Los enemigos se unen por una causa común. No es de extrañar

que dos enemigos, que no se hablaban y que no podían estar juntos, se unan para atacar a la misma persona y aun se hagan amigos por conveniencia estratégica.

Cuando Pilato supo que Jesús era galileo, se lo remitió a Herodes que estaba en Jerusalén (Lc. 23:6-11). Leemos: *"Y se hicieron amigos Pilato y Herodes aquel día; porque antes estaban enemistados entre sí" (Lc. 23:12).* Dos enemigos se hicieron amigos por una causa común que era Jesús.

Vemos la difamación que aquella señora le hizo al soñador: *"Vino él a mí para dormir conmigo, y yo di grandes voces" (39:14).* ¡Pobrecita, José quiso abusar de ella! ¡Ella no quería que José durmiera con ella! ¡Por eso gritó a todo pulmón para protegerse de un violador! Esta era la impresión que ella quería dar. Si alguien tenía que haber ido a la cárcel era aquella mujer por tratar de pervertir y de violar.

Difamar se define así: "Hacer perder la credibilidad y la buena fama a una persona". Nuestra integridad es la mejor credibilidad social que como seres humanos poseemos. Los que difaman quieren arruinar esta credibilidad, lo que la Biblia llama "buen nombre" (Stg. 2:7). La difamación es un ataque contra la fama de otro, contra su carácter, contra su reputación. El difamador es una pobre criatura que está enfermo con tres virus contagiosos: El chisme, el celo y la envidia. Es una enfermedad espiritualmente mortal.

Ella declaró que al gritar, José dejó sus ropas y se fue huyendo (37:15). Con la ropa de José al lado de ella, esperó a su marido Potifar hasta que regresara del trabajo y con mucho dramatismo le relató su famoso cuento (37:16-17).

Conclusión

(1) El diablo buscará cualquier oportunidad para meterse en la vida del actualizador. (2) El actualizador no se puede dejar dominar por nadie que le quiera apagar sus proyectos. (3) El actualizador, a causa de su fama, tarde o temprano será atacado por alguien para arruinarle su credibilidad.

10 EL ENCARCELAMIENTO DEL SOÑADOR

"Y sucedió que cuando oyó el amo de José las
palabras que su mujer le hablaba, diciendo: Así me
ha tratado tu siervo, se encendió su furor. Y tomó su
amo a José, y lo puso en la cárcel, donde estaban los
presos del rey, y estuvo allí en la cárcel"
(Gn. 39:19-20).

Introducción

La esposa de Potifar tuvo éxito narrando su historia a su
manera. En su invento retórico acusó al inocente soñador de
intento de ultraje. Lo difamó y le destruyó su reputación. También
hizo que Potifar su amo dejara de confiar en él.

Al esta hablarle a su esposo, que por cierto parece ser una de
esas personas muy dada a creer cuentos bien contados sin
verificarlos, este le creyó a ella sin pesar los hechos y negándole
al acusado la oportunidad de defenderse.

¡La sangre pesa más que el agua! Una vez más este proverbió
encontró su aplicación. Potifar falló a favor de su esposa. Le creyó
a ella simple y llanamente porque era su esposa.

I. La acusación

"Y cuando yo alcé mi voz y grité, él dejó su ropa
junto a mí y huyó fuera" (39:18).

Veamos como ella lo acusa: *"El siervo hebreo que nos trajiste,
vino a mí para deshonrarme. Y cuando yo alcé mi voz y grité, él dejó su
ropa junto a mí y huyó fuera" (39:17-18).*

Aparenta haber mantenido una distancia con José, al cual ni
por el nombre lo llamó. Se refirió a él como *"el esclavo hebreo"*;

una persona sin ningún valor. Antes veía a José como lo que era, ahora por causa del rechazo y lo que ella pudo interpretar como menosprecio a sus encantos, lo ve como nada.

Aun culpa a su marido al decirle: *"El siervo hebreo que nos trajiste..."* Busca justificarse a sí misma. Lo discrimina por su posición de *"siervo"* o *"esclavo"* y por su origen étnico de *"hebreo"* o *"extranjero"*. El rechazo es madre adoptiva de la discriminación.

Alegó que fue José quien vino a ella cuando en realidad fue ella la que se llegó a él. Para dar validez a su acusación declaró: *"vino a mí para deshonrarme"*. Esta es el arma de la venganza, del desquite y de la calumnia. Con astucia y con un juego de palabras, esta mujer elabora su argumento de acusación. Ella creó el problema pero se lo achaca al joven soñador. ¡Peca, pero disimula su pecado!

Una gran mentira, después que se sepa contarla bien, se puede transformar en una distorsión de la verdad. Sin dejar de ser mentira ante Dios, aun el que la cuenta la llegará a creer como una verdad.

¡Mentira es mentira! Pero el grado de las mentiras varía. Tenemos dos clases de mentirosos: (1) El que miente ocasionalmente. (2) El que miente siempre. El primero refleja un desliz humano, una debilidad como persona y lo que dice es éticamente incorrecto. El segundo manifiesta una patología sicológica. Responde a una conducta humana desordenada. Es un caso crónico.

El mentiroso y la mentirosa están dondequiera: En el trabajo, en el vecindario, en la casa, en los templos y tristemente, se encuentran en el ministerio. ¿Cuántos ministros se la pasan mintiendo? Mienten sobre el número de miembros que tienen en su congregación. Mienten sobre su vida personal. Lo irónico es que ellos se creen que nadie se da cuenta de sus mentiras, pero los demás los ven como seres dignos de conmiseración.

En el noveno mandamiento leemos: *"No hablarás contra tu prójimo falso testimonio" (Éx. 20:16)*. El falso testimonio y la mentira son gemelos. Un falso testimonio es una mentira; pero no todas las mentiras son falsos testimonios. Decir mentiras por lo general comienza desde muy niño y se va desarrollando en muchas personas a medida que crecen, hasta que llegan a caracterizarse por mentirosas. La Biblia ataca la mentira y confronta al mentiroso.

"De palabra de mentira te alejarás…" (Éx. 23:7).

"Amaste el mal más que el bien, la mentira más que la verdad" (Sal. 52:3).

"... Aman la mentira; con su boca bendicen, pero maldicen en su corazón" (Sal. 62:4).

"Mas los perros estarán fuera, y los hechiceros, los fornicarios, los homicidas, los idólatras, y todo aquel que ama y hace mentira" (Ap. 22:15).

"Seis cosas aborrece Jehová, y aun siete abomina su alma: Los ojos altivos, la lengua mentirosa, las manos derramadoras de sangre inocente, el corazón que maquina pensamientos inicuos, los pies presurosos para correr al mal, el testigo falso que habla mentiras, y el que siembra discordia entre hermanos" (Pr. 6:16-19).

"...Pero mejor es el pobre que el mentiroso" (Pr. 19:22).

II. La acción

"Y tomó su amo a José, y lo puso en la cárcel, donde estaban los presos del rey, y estuvo allí en la cárcel" (39:20).

Potifar creyó todo lo que le contó su esposa. Leemos: *"... oyó el amo de José las palabras que su mujer le hablaba..." (39:19)*. El creerle a muchas personas las cosas inciertas que dicen puede tener efectos nocivos sobre uno. Las palabras pueden liberar o atar, hacen libre o esclavizan.

En Proverbios 18:21 dice: *"La muerte y la vida están en poder de la lengua..."* Lo que se habla puede producir muerte espiritual o dar vida espiritual. Lo que se dice, cuándo se dice, cómo se dice, a quién se dice, por qué se dice y para qué se dice, engendra vida o muerte.

Lo que la madre o el padre le dice a un hijo puede ser vida o muerte. Lo que un esposo o una esposa le dice a su pareja puede ser vida o muerte. Lo que se dice desde el púlpito a una congregación puede ser vida o muerte. La lengua, las palabras, lo que verbalmente comunicamos, transmite vida o muerte.

La lengua que ora a Dios produce vida espiritual. La lengua que alaba a Dios produce vida espiritual.

Con el poder de la lengua, hablando en forma figurada, se

mata en el mundo espiritual o se imparte vida. Con la lengua se produce muerte o se produce vida, se mata o se vitaliza. Usemos nuestras lenguas para ser impartidores de vida espiritual.

Se nos dice de Potifar: *"...se encendió su furor" (39:19)*. Lo que ella habló lo descontroló a él emocionalmente. ¡El poder de la palabra! Su nivel emocional se activó negativamente por aquellas palabras y un espíritu de furia, de enojo y de ira se exteriorizó en él.

A causa de esta furia, Potifar sin razonar con justicia, sin actuar con imparcialidad, sin analizar los pormenores del caso, tomó precipitadamente a José, solo o con ayuda y lo puso en la cárcel del rey. ¡Pero allí Dios tenía un propósito con el soñador!

En Romanos 8:28 leemos: *"Y sabemos que a los que aman a Dios, todas las cosas les ayudan a bien, esto es, a los que conforme a su propósito son llamados"*.

El diablo metió a José en la cárcel, pero Dios le protegió en la cárcel. No estuvo con presos comunes, sino con presos del rey. El propósito divino sobre José era mayor que el engaño, que la mentira, que la falsa acusación. En aquella prisión la providencia divina crearía las circunstancias para abrirle una gran oportunidad al soñador. Un lugar providencial para un hombre providencial. La providencia de Dios se revela en lugares y en personas.

III. La compañía

"Pero Jehová estaba con José y le extendió su misericordia, y le dio gracia en los ojos del jefe de la cárcel" (39:21).

José no fue solo a la cárcel. Dios lo acompañó allí: *"Pero Jehová estaba con José..."* ¡Qué consuelo! ¡Qué compañía! ¡Qué seguridad! Una cosa es decir que uno está con Dios y otra es que Dios esté con uno. José nunca estuvo solo en su vida, Dios siempre estuvo a su lado.

Primero, *"y le extendió su misericordia"*. En su misericordia Dios no nos da lo que merecemos; en su gracia nos da lo que no merecemos. ¡Es un rescate espiritual! Una vez más José el soñador se encontró por el camino de la soledad. En palabras del salmista: *"Soy semejante al pelícano del desierto; soy como el búho de las soledades"* (Sal. 102:6). El búho más que soledad, tenía soledades. El pelícano estaba en el medio ambiente equivocado; es del mar, pero se encontraba en el desierto. La soledad nos hace sentirnos más solos de lo que estamos y en el lugar equivocado. En la soledad del soñador Dios se invitó así mismo.

Segundo, *"y le dio gracia en los ojos del jefe de la cárcel"*. Dios le abrió sus brazos al soñador. El favor inmerecido de Dios le fue dado. Por causa de la gracia a José se le abrían las puertas, las promociones se le daban, las oportunidades se le presentaban y sus reveses se le trasformaban en puentes.

A José le quitaban los puestos, pero Dios nunca le retiró su misericordia y su gracia. Eran su trampolín al éxito, a la realización y a la superación humana. Los sueños, los propósitos, las metas se hacen realidad cuando son impulsados por la misericordia y la gracia divinas. El camino hacia la cumbre del éxito es pedregoso, angustioso, difícil y cansa, pero al final llegaremos a gozar de lo alcanzado. Nada es fácil para los que desean triunfar en la vida. Todo tiene su precio humano que se debe pagar. Nada en la vida es gratis, todo tiene su costo.

El crédito es importante desde el punto de vista económico. La vida, hablando espiritualmente, no se puede vivir a crédito, es decir: "Gaste ahora y pague después". En la vida tenemos que pagar muchas cosas al contado. El éxito es una cuenta que se salda todos los días. Aparte de la salvación, nada es gratis en esta vida, todo cuesta. Si no pagamos el precio para triunfar, nos quedaremos con las manos vacías.

El jefe de la cárcel fue tocado por el dedo invisible de Dios. Fijó su atención en el soñador, lo probó y lo promovió. Leemos: *"Y el jefe de la cárcel entregó en mano de José el cuidado de todos los presos que había en aquella prisión, todo lo que se hacía allí, él lo hacía"* (39:22).

El joven hebreo y soñador recibe la promoción de ser asistente del jefe de la cárcel. Era un preso encargado de correr el sistema penal. Los presos que hoy día corren prisiones son los más malos de los malos. José era una extraña combinación entre supervisor y capellán del sistema carcelario de la cárcel federal de Egipto.

Se nos declara: *"todo lo que se hacía allí, él lo hacía"*. No estudió en una escuela de leyes, no era abogado, no tenía una maestría en teología, pero Dios le dio sabiduría para cumplir con las funciones y descripciones de su oficio. ¡Dios es el que capacita! Al que Él llama lo prepara.

Conclusión

(1) El triunfador estará preparado espiritualmente para si hablan mentiras acerca de su persona. (2) El triunfador debe saber que muchos creerán lo que los mentirosos digan de él. (3) El triunfador siempre estará acompañado por la gracia y la misericordia de Dios.

# LA OPORTUNIDAD DEL SOÑADOR

"Al tercer día, que era el día del cumpleaños de Faraón, el rey hizo banquete a todos sus sirvientes; y alzó la cabeza del jefe de los coperos, y la cabeza del jefe de los panadero, entre sus servidores. E hizo volver a su oficio al jefe de los coperos, y dio éste la copa en mano de Faraón. Mas hizo ahorcar al jefe de los panaderos, como lo había interpretado José. Y el jefe de los coperos no se acordó de José, sino que le olvidó" (Gn. 40:20-23).

Introducción

El copero y el panadero de Faraón, jefes de ambos departamentos, cometieron delitos contra él (40:1) y los pusieron en la prisión donde estaba José (40:2-3). José tuvo que encargarse de ellos (40:4). En prisión, una noche, ambos tuvieron un sueño cada uno (40:5). Al José verlos tristes, dialogó con ellos y ellos le contaron sus respectivos sueños (40:6-8).

El copero soñó con una vid que tenía tres sarmientos, arropaba su flor y maduró sus racimos de uvas (40:9-10). También se vio dándole la copa al Faraón (40:11). José le interpretó que en tres días sería restituido a su función de copero del Faraón (40:12-13). José le pidió al copero que tuviera misericordia y que le hablara de él al Faraón, ya que era inocente (40:14-15).

El panadero soñó que tenía tres canastillas sobre su cabeza y en la más alta había una gran variedad de frutas que comían las aves (40:16-17). José le interpretó que en tres días sería ahorcado (40:18-19). Al tercer día se cumplieron ambos sueños como los había interpretado José. Pero el copero se olvidó de José (40:20-23).

I. La oportunidad

> "Y el capitán de la guardia encargó de ellos a José, y él les servía; y estuvieron días en la prisión" (40:4).

En la vida del triunfador las oportunidades no son *casualidades* son *causalidades*. No son *coincidencias* son *teocidencias*. No son improvisadas, sino provocadas por la providencia divina. De lo peor Dios puede sacar lo mejor. Él puede tomar una situación adversa y transformarla en una situación a favor nuestro. La cárcel no era el final para el soñador, sino su antesala al éxito y a los logros. A muchos Jesucristo les ha dado un llamado y la revelación de un ministerio en un hospital, en una cárcel, en un trabajo que no querían realizar, en un vecindario donde no querían vivir.

La providencia divina pone a José el soñador ante dos presos famosos: El jefe de los coperos y el jefe de los panaderos. El joven hebreo fue encargado por el capitán de la guardia de supervisar a ambos. Muchas veces la providencia de Dios nos acerca a personas significativas o acerca a esas personas a nosotros.

Notemos la declaración: *"Y el capitán de la guardia encargó de ellos a José, y él les servía, y estuvieron días en la prisión"* (40:4). ¡Qué ejemplo! A ellos, *"él les servía"*. La antesala al liderazgo es el servicio. Allí se estaba formando un *siervo-líder*. No un líder para ser servido. Nadie debe aspirar a una posición de liderazgo en la congregación, si antes no se ha matriculado en el ministerio del servicio humano. Debajo del uniforme de todo líder debe estar el de un servidor.

A José se le delegaba algo y se hacía responsable, cumplía con la labor asignada. Él fue una persona paciente, atendió aquellos presos famosos los *"días en la prisión"*. Con ellos Dios le estaba preparando una gran oportunidad. Privilegios y oportunidades deben ser estimados por los que son soñadores.

Un realizador sabe esperar por el momento en que Dios le abra las puertas de la oportunidad. A todo ser humano le llegará el día de su oportunidad y cuando llegue no la debe perder, la debe aprovechar, la debe tomar y no ignorarla. Muchas oportunidades tocarán una sola vez a la puerta de nuestra vida. Mantenga su radar espiritual activado buscando detectar esa oportunidad o esas personas oportunas que Dios tiene preparadas para usted.

Cuando una oportunidad toque a la puerta de su vida, invítela a entrar. Una vez adentro, captúrela y no la deje salir. Perder una buena oportunidad es arruinar un buen futuro. Las buenas oportunidades son peldaños hacia el éxito. Son momentos providenciales de Dios en la vida de los creyentes.

II. La interpretación

"Ellos le dijeron: Hemos tenido un sueño, y no hay
quien lo interprete. Entonces les dijo José: ¿No son
de Dios las interpretaciones?" (40:8).

Ambos le contaron sus sueños, el jefe de los coperos y el jefe de los panaderos. José tenía oídos para escuchar a quienes querían darle a conocer alguna cosa de sus vidas. El primero soñó con tres sarmientos de uvas que maduraban y se vio dándole la copa al Faraón. José le declaró que en tres días sería librado de la cárcel y volvería a su antiguo oficio de jefe de los coperos. El segundo vio tres canastillas sobre su cabeza con la más alta llena de diferentes manjares y las aves se comían los frutos. José le declaró que en tres días sería ahorcado.

Veamos ahora el contexto de esta interpretación. En una misma noche el jefe de los coperos y el jefe de los panaderos tuvieron un sueño que demandaba interpretación, *"cada uno con su propio significado" (40:5)*. Todos los sueños no tienen significados, pero hay sueños espirituales que son de Dios y son significativos. Pero debemos cuidarnos de no caer en interpretaciones privadas o místicas. Si un sueño es espiritual y viene de Dios, el mismo debe ser confirmado en el corazón de la persona y ante el testimonio de los líderes espirituales.

Cuando José los vio en la mañana, *"y los miró, y he aquí que estaban tristes" (40:6)*. Los sueños los habían preocupado. A lo que les preguntó: *"¿Por qué parecen hoy mal vuestros semblantes?" (40:7)*. Se sintió preocupado por la apariencia negativa de sus rostros. El rostro es el mejor espejo del alma. Estos hombres no estaban felices, no se sentían bien, lo que habían soñado los tenía en un estado de incertidumbre.

Ellos le confiesan: *"Hemos tenido un sueño, y no hay quien lo interprete" (40:8)*. Sabían que su sueño era de Dios y necesitaban un intérprete. ¡El soñador es también un intérprete, aunque nunca lo había hecho antes! Los triunfadores son intérpretes de los triunfos de otros. Muchas veces reciben indicaciones de quién tendrá éxito o de quién fracasará. Saben interpretar las cosas de la vida. Hay que triunfar, pero también hay que interpretar triunfos.

José les dice: *"Contádmelo ahora" (40:8)*. Habló con mucha

seguridad y con mucha fe. El don de ciencia no estaba operando en él, pero estaba seguro que el don de sabiduría sí se manifestaría en su persona. El soñador no sabía lo que ellos habían soñado, muy adentro de su corazón confiaba en que la interpretación le sería revelada.

A los soñadores les gusta escuchar los sueños de otros para aconsejarlos y motivarlos. No podemos ser egoístas y pensar que los únicos que pueden soñar somos nosotros. ¡Todo ser humano tiene derecho a soñar y a triunfar en esta vida! Hay sueños o metas buenos y hay sueños o metas malas.

Veamos cómo José les había dado la confianza en Dios: *"¿No son de Dios las interpretaciones?"* (40:8). En contraste con la cadena de dioses egipcios, José exalta al Dios de los hebreos como el que puede dar las interpretaciones. El lenguaje de José nos recuerda lo dicho por Daniel al rey Nabucodonosor: *"Pero hay un Dios en los cielos, el cual revela los misterios... Y a mí me ha sido revelado este misterio, no porque en mí haya más sabiduría que en todos los vivientes, sino para que se dé a conocer al rey la interpretación, y para que entiendas los pensamientos de tu corazón"* (Dn. 2:28-30).

José comenzó temprano en su vida contando sueños, ahora está interpretando sueños. Los soñadores deben interpretar los sueños de otros. Dios muchas veces pondrá delante de nosotros a personas que nos contarán sus sueños, nos hablarán de su futuro, nos expresarán sus anhelos y metas. A ellos debemos ayudarlos con su interpretación de lo que pueden llegar a ser en el futuro. Darle importancia a la meta de otro es hacer que nuestras propias metas sean también importantes.

Conclusión

(1) El realizador tendrá oportunidades que debe aprovechar bien. Nunca deje que una buena oportunidad le pase por el lado sin notarla. (2) El realizador puede ayudar a otros a interpretar sus sueños del futuro. Lo que otros realizan le ayuda a creer en el cumplimiento de sus propias realizaciones.

EL OLVIDO DEL SOÑADOR

"Y el jefe de los coperos no se acordó de José, sino que le olvidó" (Gn. 40:23).

Introducción

El capítulo 40 termina con esta oración: *"Y el jefe de los coperos no se acordó de José, sino que le olvidó"*. Declaración que se cumple en cientos de vidas del pasado, del presente y del futuro. Alguien en necesidad nos busca o nos ofrecemos, le ayudamos, todo le sale bien y luego se olvida de nosotros.

Desde que José le interpretó el sueño al copero transcurrieron dos años (41:1). Faraón vio en sueños a siete vacas hermosas y gordas subir del río (41:3-4). Luego subieron siete vacas muy flacas y se comieron a las siete gordas.

En un segundo sueño la misma noche, Faraón vio a siete espigas llenas y hermosas crecer en una sola caña (41:5). Luego vio a otras siete espigas menudas y abatidas por un viento caluroso (41:6). Estas últimas devoraron a las siete primeras (41:7) y se despertó Faraón.

Con el espíritu perturbado, Faraón convocó a los sabios y magos de Egipto pero ninguno podía interpretar los sueños (41:8). El jefe de los coperos entonces se acordó de José el hebreo (41:9-13), se lo comunicó al Faraón. Este último lo hizo venir ante él y le contó los dos sueños (41:14-24).

José el soñador le interpretó que ambos sueños tenían una misma interpretación y se referían a siete años de abundancia sobre la tierra de Egipto, seguido por siete años de hambre (41:25-31). Le afirmó: *"que la cosa es firme de parte de Dios, y que Dios se apresura a hacerla"* (41:32).

Además, le dio varios consejos al Faraón: (1) Que nombrara a un hombre prudente y sabio sobre Egipto (41:33). (2) Que nombrara a gobernadores sobre Egipto que almacenaran las cosechas durante los siete años de abundancia (41:34). (3) Que almacenara el trigo para mantenimiento de las ciudades cuando llegara la escasez (41:35-36).

Faraón satisfecho con la interpretación y con los consejos de José, lo nombró gobernador de todo Egipto (41:38-41). Lo hizo vestirse de acuerdo con su promoción, le dio su anillo y un collar de oro (41:42). En un segundo hizo pregonar: ¡Doblad la rodilla! Y lo instaló ceremonialmente (41:43), le dio autoridad (41:44), le cambió el nombre a Zafnat-panea y lo hizo yerno del influyente sacerdote de On, ciudad famosa por el templo al dios del sol llamado Ra y conocida por los griegos como Heliópolis (Ciudad del sol). El nombre de su esposa fue Asenat (41:45).

I. El olvido

"Y el jefe de los coperos no se acordó de José, sino que le olvidó" (40:23).

Al copero José le había encargado: *"Acuérdate, pues, de mí cuando tengas ese bien, y te ruego que uses conmigo de misericordia, y hagas mención de mí al Faraón, y me saques de esta casa. Porque fui hurtado de la tierra de los hebreos; y tampoco he hecho aquí por que me pusiesen en la cárcel" (40:14-15).*

El mundo está lleno de personas malagradecidas, ingratas, olvidadizas de los bienes y favores que se le han hecho en el pasado. Buscan y se acercan a uno cuando necesitan algo, pero luego se olvidan. Son amigos por conveniencia. Mientras puedan sacar algo de usted, caminan a su lado; cuando ya nada pueden conseguir, lo dejan solo.

Muchos hemos sido usados por la astucia malsana y aprovechadora de alguien. Pero de una manera u otra Dios nos habrá de recompensar. El listo, tarde o temprano, lo mismo que hace a otros, otros se lo harán a él. Uno más listo se aprovechará de él.

¡Con qué facilidad muchas personas se olvidan de otras! ¡Hoy van juntos a la escuela, mañana no se reconocen! ¡Hoy son vecinos, mañana se ven en la calle y no se saludan! ¡Hoy comieron juntos, mañana se sientan en mesas separadas! ¡Hoy le piden un favor y usted se lo hace, mañana usted necesita un favor de ellos y no se lo hacen! ¡Hoy asisten a la misma congregación, mañana ni lo saludan! ¡La ironía de la vida! ¡Vivimos en el mundo de los que se olvidan y son olvidados! Ese es el "barrio de los malagradecidos", la "urbanización de los desatendidos", el "caserío de los no recordados" y el "residencial de los ignorados". Todos nos hemos sentado en el banco de los olvidados. Alguien que conocimos ya no nos conoce. Alguien a quien ayudamos, ahora no nos ayuda. Nos hemos paseado por la alameda de la indiferencia y por el puente del olvido. Hemos sufrido la decepción y el engaño, pero Dios nunca nos olvidará.

Leemos: *"Y el jefe de los coperos no se acordó de José, sino que le olvidó"*. Fue bendecido por José, el cual le predijo su liberación y restauración, pero una vez libre y en su anterior rutina, en su memoria ya no había espacio para José. Para el copero, José fue una persona más en su vida y pronto lo olvidó.

Nunca se olvide de los que le han ayudado. Los que cuando necesitó ayuda, estuvieron a su lado y le extendieron la mano. Los que en su soledad fueron su compañía. No se olvide de esos miembros de su familia que se esforzaron para que disfrute hoy día de una buena educación; de que haya mejorado su vida, de que tenga la casa donde vive hoy. Nunca se olvide de su esposo o su esposa, que hizo sacrificios para que usted lograra ser lo que es. No olvide a ese pastor que le dio tantas oportunidades para que pudiera desarrollar los dones que hoy día han madurado en usted. Hacer esto es ser un malagradecido. Nunca se olvide de lo que era antes de conocer al Señor Jesucristo, del lugar donde su gracia le alcanzó, de quienes influyeron en su vida espiritual.

II. El recuerdo

"Entonces el jefe de los coperos habló a Faraón,
diciendo: Me acuerdo hoy de mis faltas" (41:9).

Después del Faraón haber tenido dos sueños, ninguno de sus magos y sabios los pudo interpretar (41:8). Fue entonces que el jefe de los coperos le declaró a Faraón: *"Me acuerdo hoy de mis faltas"*. Inmediatamente procedió a testificar del sueño que tuvo el jefe de los panaderos y del sueño que tuvo él y de cómo el joven hebreo que servía al capitán de la guardia se los interpretó, siendo el primero colgado y el segundo reestablecido en su puesto (41:10-13).

Hay sueños que desgracian, pero hay sueños que agracian. En este mundo los criminales, los narcotraficantes, los ladrones, los timadores, los corruptos, todos tienen sueños, pero son sueños de muerte como el del panadero.

Aunque el jefe de los coperos se había olvidado de José, dos años habían transcurrido, en medio de una necesidad lo recuerda. Dios siempre proveerá a un José soñador para alguna necesidad humana. Interpretando los planes de otros, verá sus planes cumplidos. Ayudando a otros a realizar sus metas, las de usted se realizarán. Los actualizadores viven adelantados a su generación y por esto tienen que ser pacientes en su presente.

Los que se olvidan de usted, los que han borrado de sus mentes el favor que un día en el pasado les hizo, Dios hará que en un momento en particular se acuerden de usted. ¡Dios nunca se olvidará de usted! Quizá no le necesita ahora mismo, no le está haciendo falta, pero no se desanime si en este momento no le ven importante, le verán importante cuando llegue la oportunidad de Dios.

III. La presentación

"Entonces Faraón envió y llamó a José. Y lo sacaron apresuradamente de la cárcel, y se afeitó, y mudó sus vestidos, y vino a Faraón" (41:14).

Sin demora el Faraón *"envió"* por José. El olvidado por el jefe de los coperos ahora es solicitado por la persona más pública de todo Egipto. Leemos también: *"y llamó a José"*. Le ofreció una audiencia pública con él. La ruta de la cárcel (falta de propósito) al palacio de Faraón (realización de propósito) para José, Dios la había acortado.

A José lo sacaron rápidamente de la cárcel, se afeitó, cambió sus vestidos de preso por vestidos de libertad y vio el rostro de Faraón. Todo esto presenta un cuadro de liberación, transformación y restauración. La apariencia externa es importante en las relaciones públicas y diplomáticas. Si va a una entrevista para un nuevo trabajo, debe saber de qué manera vestir.

Lamentablemente, muchos evalúan al monje por el hábito. Para asuntos profesionales si usted es un profesional, debe vestir como profesional. Un cambio de peinado, un tinte de cabello, una ropa para la ocasión, unos zapatos bien lustrados, un buen portafolio, un bolígrafo llamativo, un cambio de lentes. Todo esto ayuda a proyectar una imagen positiva y atractiva de una persona. En un negocio o templo, un diseñador puede ayudar a escoger los arreglos, las alfombras y los colores de las pinturas.

Con este cambio por fuera, José se sentía verdaderamente como era por dentro. Instantáneamente, el cambio de vestidura afectó de manera positiva a José el soñador. Para muchos un cambio cosmetológico, de vestidura, refleja un cambio de actitud y de estima. El vestido anterior de José refleja para algunos la baja estima, el nuevo vestido refleja una buena autoestima.

Esto me recuerda a Mefi-boset: *"Y vino Mefi-boset, hijo de Jonatán, hijo de Saúl, a David, y se postró sobre su rostro e hizo reverencia. Y dijo David: Mefi-boset. Y él respondió: He aquí tu siervo"* (2 S. 9:6).

Mefi-boset fue un príncipe olvidado en el lugar de los olvidados, de los marginados, de los no amados, pero de allí David el ungido, lo mandó a buscar para manifestarle su bondad y restaurarle a un lugar de príncipe.

Esto me recuerda al rey Joaquín: *"...Evil-merodac rey de Babilonia, en el año primero de su reinado, alzó la cabeza de Joaquín rey de Judá y lo sacó de la cárcel. Y habló con él amigablemente, e hizo poner su trono sobre los tronos de los reyes que estaban con él en Babilonia. Le hizo mudar también los vestidos de prisionero, y comía pan en la mesa del rey siempre todos los días de su vida. Y continuamente se le daba una ración de parte del rey de Babilonia, cada día durante todos los días de su vida, hasta el día de su muerte"* (Jer. 52:31-34).

Joaquín vivió treinta y ocho años como un preso, uniformado en su alma con el desaliento, la derrota y esclavizado a un pasado desalentador. Pero en un día todo cambió para él. El rey Evil-merodac de Babilonia lo exaltó, lo levantó y lo restauró a un lugar de comunión y de respeto.

Primero, el llamado: *"Entonces Faraón envió y llamó a José"*. Esto nos recuerda del gran amor de Dios. Él envió a su Hijo Jesucristo donde estábamos y allí nos llamó a su propósito. El llamado divino siempre descansa sobre las bisagras de su gracia. No solo nos llamó a la misión, nos ha llamado a su servicio y nos llama al ministerio. La única persona que puede impedir que Dios haga con usted lo que Él ha determinado, es usted mismo.

Segundo, la liberación: *"Y lo sacaron apresuradamente de la cárcel"*. Con la misma rapidez que José fue metido en la cárcel así fue sacado de la misma. ¡Con que facilidad Dios lo saca! Para Dios nada hay imposible. Todo es posible. Nada es difícil, todo es fácil. ¡Dios sabe cómo, cuándo y dónde libertar a sus hijos!

Tercero, la transformación: *"y se afeitó, y mudó sus vestidos"*. Ante el Faraón, José no se podía presentar con su apariencia de preso, sus vestidos de preso los tenía que botar. Muchos quieren presentarse ante el Rey del universo, el Señor Jesucristo, con sus vestidos del pasado manchados por la culpa, el fracaso, el maltrato, la tristeza, el abandono, el olvido, la injusticia, la difamación, la soledad, la explotación, la discriminación, la enajenación y todos los males de esta sociedad.

José se afeitó, se vistió bien y se presentó ante Faraón. El cambiarse por fuera no le dio trabajo, ya que por dentro siempre fue un hombre cambiado. Siempre se sintió bien consigo mismo. Su alma se mantuvo en paz. No le dio trabajo cambiar cosas externas en su vida, porque por dentro era un hombre ya cambiado por la gracia y la misericordia de Dios.

Conclusión

(1) El realizador muchas veces es olvidado por aquellos a los cuales les ha hecho bien. (2) El realizador será recordado cuando se le vuelva a necesitar. (3) El realizador exterioriza lo que en su interior ya ha experimentado.

13

LA SABIDURÍA DEL SOÑADOR

"El asunto pareció bien a Faraón y a sus siervos, y dijo Faraón a sus siervos: ¿Acaso hallaremos a otro hombre como éste, en quien esté el espíritu de Dios?" (Gn. 41:37-38).

Introducción

En la interpretación del sueño de Faraón y en el consejo que le ofreció José el soñador, este reveló un espíritu de sabiduría. Sobre la tierra de Egipto vendrían siete años de abundancia, seguidos por siete años de hambruna (41:25-30). El hambre sería tan grave, que la abundancia anterior se vería como nada (41:31).

José le aseguró al Faraón: *"Y el suceder el sueño a Faraón dos veces, significa que la cosa es firme de parte de Dios, y que Dios se apresura a hacerla"* (41:32).

Cuando Dios repite la misma cosa dos veces o más, aunque lo haga de maneras diferentes, es porque se cumplirá. Tenemos que abrir nuestros ojos y oídos espirituales para escuchar estas repeticiones de Dios. Y desde luego, buscar que se confirmen en conformidad con las Sagradas Escrituras y el consejo de los líderes espirituales.

El consejo de José al Faraón fue: *"Por tanto, provéase ahora Faraón de un varón prudente y sabio, y póngalo sobre la tierra de Egipto. Haga esto Faraón, y ponga gobernadores sobre el país, y quinte la tierra de Egipto en los siete años de la abundancia"* (41:33-34). Además le presentó un plan de almacenaje (41:35-36). ¿De dónde sacó José estas capacidades de economía? ¡Dios era la fuente de sabiduría en el soñador! ¡Él hablaba por revelación divina! Fue un economista hecho instantáneamente por la *Universidad del cielo.* Lo que hace Dios nadie lo puede hacer.

I. La aceptación

"El asunto pareció bien a Faraón y a sus siervos"
(41:37).

Faraón no fue terco a la revelación de Dios. Le creyó al hombre de Dios. No dudó de esta revelación. Recibió con fe lo que José le declaró. No solo él, sino también sus siervos. Lo que Dios dice no es para que lo crea uno o algunos, sino todos. La Biblia se tiene que creer completa, de Génesis hasta el Apocalipsis, el Antiguo Testamento y el Nuevo Testamento.

Muchos creen lo que la Biblia dice de la oración, del ayuno, de la santidad, de la fe, de la redención, de los ángeles, de los demonios, de Dios, de Jesucristo, del Espíritu Santo, del cielo, del infierno, del rapto, de la Segunda Venida, del milenio... pero no creen en cosas como la asistencia al templo, el perdonar a otros... el diezmar.

Faraón no tuvo ningún problema en creer a Dios y al hombre de Dios. Muchos le creen a Dios pero no le creen al hombre que habla de parte de Dios. Con una pregunta afirmativa declaró: "*¿Acaso hallaremos a otro hombre como éste, en quien esté el espíritu de Dios?" (41:38)*.

Este monarca creyó que en José estaba el Espíritu de Dios. No de un dios, sino de Dios, el Supremo, el Creador, el Soberano, el Todopoderoso, el que gobierna todo. Sabía que había hallado al hombre del momento, el que se necesitaba. No había otro como él. Y Faraón tenía para él un trabajo en mente. Allí tenía un príncipe para un principado, un ministro de economía con un plan económico para la nación de Egipto.

José le había aconsejado: "*...provéase ahora Faraón de un varón prudente y sabio, y póngalo sobre la tierra de Egipto" (41:33)*. El prudente es aquel que toma siempre en cuenta las consecuencias negativas de cualquier paso o acción. El prudente antes de tomar alguna decisión se asegura de lo que puede suceder. El prudente es una persona que "evita las faltas y los errores". En todo lo posible minimiza el margen de fallar o cometer errores. Planifica, evalúa y considera sus decisiones y acciones. Es cauteloso y cuidadoso en lo que dice y hace. No toma decisiones a la ligera. No se mueve por las emociones, sino por la razón. Siempre tiene un plan de trabajo delante de él, a corto y a largo plazo.

Se define "sabiduría" como: "conducta sensata en la vida y los negocios". El sabio es aquel que sabe como conducirse utilizando el mejor juicio en su vida personal y en sus relaciones con sus semejantes.

Una persona con *sabiduría* y *prudencia* era la que necesitaba Faraón. Dos requisitos esenciales para tener éxito en la vida, en el matrimonio, en las empresas, en los trabajos, en la familia, en las decisiones y en el ministerio. A alguien así, Faraón lo podía nombrar primer ministro, secretario de economía o visir.

II. La promoción

"Tú estarás sobre mi casa, y por tu palabra se
gobernará todo mi pueblo; solamente en el trono seré
yo mayor que tú" (41:40).

¡Qué tremendo! A José se le encarga la casa del Faraón, sus palacios, sus mansiones, sus tierras y sus riquezas: *"Tú estarás sobre mi casa"*. Lo hace el mayordomo (mayor de la casa). De este modo la vida de José dio un giro de ciento ochenta grados.

Luego le dice: *"y por tu palabra se gobernará todo mi pueblo"*. José nunca había gobernado, no era político, pero Dios lo levanta por encima de todas sus limitaciones. Lo hace lo que él no era. La expresión: *"y por tu palabra se gobernará todo mi pueblo"* implicaba que José era portador de una autoridad delegada e investida sobre él por Faraón. ¡Esto hace mi Dios con cualquiera que se ponga en sus manos!

El hebreo, el soñador, el esclavo, el calumniado, el preso, es ahora el hombre número dos en todo Egipto. Fue fiel a Dios y Él lo recompensó. Esperó en Dios y recibió. ¡Nunca le ponga limitaciones a Dios en su vida! José se constituyó en un hombre de palabra y autoridad. Faraón le entregó en sus manos al pueblo egipcio. Crea y tenga fe en las cosas sin límites que Dios puede hacer con usted y por medio de usted aquí y en cualquier lugar.

También le dijo: *"solamente en el trono seré yo mayor que tú"*. ¡Qué bendición! La gracia de Dios siempre promovió a José: (1) La gracia de Dios lo hizo ser mayordomo en la casa de Potifar el egipcio, capitán de la guardia faraónica (39:1-4). (2) La gracia de Dios lo hizo ser el encargado de la cárcel por voluntad del jefe de la misma (39:21-23). (3) La gracia de Dios lo hizo ser mayordomo de la casa del Faraón y gobernador de todo Egipto (41:40).

José tenía que reconocer que sobre él, estaba el trono de Faraón. Para estar en autoridad se debe saber estar bajo autoridad. Ejercer autoridad sin estar bajo autoridad degenera en abuso de poder.

¡Dios es el que promueve! Da posiciones y quita posiciones. Cuando Dios quiere levantar a alguien, si tiene que virar todo al revés, lo vira. Si lo quiere levantar toma las adversidades y las convierte en un puente para que sus llamados crucen a la otra orilla.

Faraón le dijo a José: *"Pues que Dios te ha hecho sobre todo esto, no hay entendido ni sabio como tú"* (41:39). Aun los inconversos reconocen cuando un ungido, un visionario y un soñador tiene revelación de Dios que fluye a través de él. Se dan cuenta de cuánto entendimiento y sabiduría tiene.

José recomendaba a un desconocido, no estaba buscando ningún puesto. Dios lo recomendó a él. ¡Nunca se recomiende a sí mismo! No busque promociones, deje que sea Dios quién le promueva y le mueva. ¡Aleluya! Cuando Dios le da la posición, no hay hombre que se la pueda quitar, no hay demonio que pueda sacarlo de esa posición. He conocido a líderes que ellos mismos solicitan "placas de reconocimiento"; evangelistas que se invitan a sí mismos para dar campañas o misioneros que ellos mismos se presentan insistiendo por oportunidades. Al que Dios llama, Dios mismo lo promociona y lo promueve.

III. El reconocimiento

"Y lo hizo subir en su segundo carro, y pregonaron delante de él: ¡Doblad la rodilla!; y lo puso sobre toda la tierra de Egipto" (41:43).

Los versículos 41 al 45 presentan una ceremonia de investidura de José el soñador por parte de Faraón. En Egipto los faraones eran considerados dioses. Ver a un Faraón era ver a un dios. Al visitar a Egipto varias veces, he quedado impresionado por las pirámides, donde miles de personas ofrecían sus servicios voluntarios para su construcción y aun voluntariamente los siervos allegados preferían ser sepultados vivos junto al sarcófago del Faraón, porque era un alto honor. Los colosos, incluyendo los de Ramsés II, son enormes esculturas.

Ahora uno de estos faraones le dio su anillo real a José, lo hizo vestirse con realeza faraónica y le puso un collar de oro en el cuello (41:42). Esto es un cuadro que ilustra la redención del cristiano. De esclavo del mundo, Jesucristo nos constituye en príncipes del reino, nos da el sello del Espíritu Santo. Nos viste espiritualmente con vestidos de lino fino, que es la justicia imputada por Él a los santos. En Cristo somos real sacerdocio, pueblo adquirido por Dios y nación santa (1 P. 2:9).

Ese collar de oro en el cuello de José simbolizaba su posición y nos recuerda a los creyentes la posición que tenemos por Cristo

Jesús. Dice la Palabra de Dios: *"Bendito sea el Dios y Padre de nuestro Señor Jesucristo, que nos bendijo con toda bendición espiritual en los lugares celestiales en Cristo" (Ef. 1:3).*

Luego Faraón hizo subir a José *"en su segundo carro" (41:43).* ¡Qué privilegio! José en una de las limosinas último modelo del Faraón. E hizo proclamar: *"¡Doblad la rodilla!"* Pidió reverencia, respeto y obediencia para José. ¡Ayer un esclavo en Egipto, hoy gobernador de todo Egipto! Así suceden las cosas con Dios. ¡Hoy nos abuchean, mañana nos aplaudirán! ¡Ayer se burlaban de usted, hoy lo alaban! La vida es como una caja de Pandora, no se sabe lo que se puede sacar de ella, está llena de sorpresas.

Escuchemos lo que le declaró Faraón: *"Yo soy Faraón, y sin ti ninguno alzará su mano ni su pie en toda la tierra de Egipto" (41:44).* ¿Cómo se habría sentido José al escuchar al Faraón decirle esto? ¿Había pensado en los dos sueños que Dios le dio a la edad de diecisiete años? (37:2) José soñaba ahora despierto. En la vida tenemos sueños cuando dormimos y soñamos también despiertos.

Su nombre le fue cambiado en Egipto por Zafnat-panea. El Faraón le dio por esposa la hija de Potifera, sacerdote de On, llamada Heliópolis (Ciudad del sol) por los griegos (41:45). Se casó con una mujer importante y tuvo a un suegro muy reconocido. En ellos influiría el soñador con su relación con Dios.

Leemos: *"Y salió José por toda la tierra de Egipto" (41:45).* El rechazado, el esclavo, el preso, el olvidado, el sin familia, es ahora un hombre libre e importante. En Cristo Jesús somos libres: *"Y conoceréis la verdad, y la verdad os hará libres" (Jn. 8:32). "Así que, si el Hijo os libertare, seréis verdaderamente libres" (Jn. 8:36).*

Conclusión

(1) El soñador triunfó en la vida por ser prudente y sabio. (2) El soñador no buscó promociones, Dios lo promovió. (3) El soñador alcanzó dignidad y libertad.

LA BENDICIÓN DEL SOÑADOR

"Era José de edad de treinta años cuando fue presentado delante de Faraón rey de Egipto; y salió José de delante de Faraón, y recorrió toda la tierra de Egipto" (Gn. 41:46).

Introducción

A la edad de treinta años, José estuvo delante del Faraón (41:46). Inmediatamente se dio a la tarea de supervisar a todo Egipto (41:46). Durante los siete años de abundancia *"la tierra produjo a montones" (41:47)*. En cada ciudad se almacenó alimento (41:48). La cosecha de trigo fue muy abundante (41:49). ¡Egipto nunca había visto una abundancia tan grande!

De Asenat, José tuvo dos hijos: Manasés y Efraín (41:50-52). Posteriormente en la historia de Israel, cuando Canaán fue conquistada y repartida entre las tribus de Israel, en lugar de una tribu llamada José, hubo dos tribus llamadas Manasés y Efraín a las cuales se les daría tierra en la alta Galilea.

Así como el soñador le interpretó al Faraón, los siete años de abundancia fueron seguidos por siete años de hambre en los países alrededor de Egipto y en este. Pero en Egipto había hecho provisión para el tiempo de escasez. (41:53-56). Ante el clamor del pueblo egipcio, bajo el permiso de Faraón a José, se abrieron los almacenes para vender alimentos a los necesitados (41:55-57).

¡Se imagina cuánto se enriqueció Egipto durante esos siete años! Esta nación controlaba el comercio exterior y su economía interna había subido. ¡Se enriqueció como nunca antes! Todo porque Faraón creyó la palabra predicha por el siervo de Dios llamado José. No solo la creyó, sino que nombró a José como su visir y ministro de economía. No solo debemos creer la Palabra de Dios, sino creer y darle la oportunidad de ministrar y administrar a aquellos hombres que Dios nos regala de tiempo en tiempo como dones humanos.

I. La bendición del tiempo

"Era José de edad de treinta años cuando fue presentado delante de Faraón rey de Egipto; y salió José de delante de Faraón, y recorrió toda la tierra de Egipto" (41:46).

¡El tiempo vuela! José tenía diecisiete años cuando soñó los dos sueños proféticos (37:1-11) y fue vendido a los mercaderes ismaelitas por veinte piezas de plata (37:28). En la casa del capitán de la guardia del Faraón, José probablemente estuvo unos once años y en la cárcel otros dos años. Desde que soñó hasta que Faraón lo promovió pasaron trece años.

Antes de que una meta se cumpla pueden pasar muchos años. A la edad de treinta y siete años José veía sus sueños cumplidos (42:6). ¡Nunca espere ver una meta cumplida inmediatamente! Pero sea paciente y tenga fe de que sus metas se cumplirán. No se desanime si pasan los años, se vea frustrado, desanimado y sienta que la vida le golpea duramente. Lo que Dios se ha propuesto con usted lo realizará aunque llegue tarde. Su tiempo no es el tiempo de Dios. Cuando para usted y para mí es tarde, para Dios es temprano.

José perdió un trabajo bueno de once años con todos sus beneficios, perdió la credibilidad ante las personas importantes que conocía, pero en el tiempo de Dios recibió el mejor trabajo de la nación y estuvo al lado de la persona más importante como su asesor económico.

El tiempo es una bendición para el que lo sabe aprovechar. ¡No sea esclavo del tiempo, se amo del tiempo! ¡No trabaje en contra del tiempo, deje que el tiempo trabaje a su favor!

Entre José y Jesucristo descubrimos un notable paralelismo: (1) Ambos fueron amados por el padre (Gn. 37:3; cp. Jn. 10:17). (2) Ambos fueron rechazados por los hermanos (Gn. 37:6, 11). (3) Ambos fueron vendidos por monedas de plata (Gn. 37:28; cp. Mt. 26:14-16). (4) Ambos fueron exaltados (Gn. 41:42-44; cp. Fil. 2:9-11). (5) Ambos en su primer encuentro con los suyos no fueron reconocidos (Gn. 42:8; cp. Jn. 1:11). (6) Ambos en otro encuentro fueron reconocidos cuando así lo dispusieron (Gn. 45:1-3; cp. Ap. 1:7).

¡Deje que el tiempo sea su mejor aliado y no su peor enemigo! ¡Aprovéchelo bien! (Ef. 5:16). El tiempo es oro, hágase rico con él. ¡Sáquele el mejor provecho! ¡Sea el mejor inversionista del tiempo!

II. La bendición del olvidar

"Y llamó José el nombre del primogénito, Manasés; porque dijo: Dios me hizo olvidar todo mi trabajo, y toda la casa de mi padre" (41:51).

Literalmente Manasés significa: *"El que hace olvidar"*. Hay un canto muy popular en nuestros días titulado: *"Dios me hizo olvidar"*. José sufrió mucho a causa del duro trabajo como esclavo en la casa de Potifar, como encargado en la cárcel de Egipto y por el menosprecio, envidia y maltrato de sus hermanos.

A muchos seres humanos les ha tocado en esta vida andar por caminos llenos de piedras. La vida para ellos no ha sido fácil. Sus éxitos han estado a acompañados de lágrimas y dolor.

La niñez de algunos fue marcada por el maltrato doméstico, la falta de amor y cariño por parte de uno de los padres o de ambos. Una niñez que quisieran olvidar, pero como José deben decir: *"Dios me hizo olvidar mi niñez tan triste"*. Un tiempo atrás escuche a una hermana testificar en nuestra congregación: "Mi madre estaba enferma desde que yo era una niña, mi padre me abusaba desde niña. Un familiar me decía: 'A ti no te trajo la cigüeña, sino el Pato Lucas'. A los dos días de casada fui violada por un hombre armado. Mi esposo me maltrataba. Me llamaban la loca. Pero un día entre por la puerta del templo y le entregué mi corazón a Jesucristo. Hoy me miró al espejo y digo: ¡Qué linda mujer!"

La adolescencia de algunos fue marcada por la falta de comunicación con los padres, las críticas de los adultos, el engaño de los mayores, el abandono de la escuela, el fracaso, las metas sin alcanzar. Una adolescencia que quisieran olvidar, pero como José deben decir: *"Dios me hizo olvidar mi adolescencia"*.

El matrimonio de algunos fue marcado por el maltrato físico y verbal, las mentiras, la infidelidad, el engaño, las promesas incumplidas, la insatisfacción emocional, la falta de caricias, el divorcio. Un matrimonio que quisieran olvidar, pero como José deben decir: *"Dios me hizo olvidar mi matrimonio"*.

En la vida pasada de cada ser humano hay amargas experiencias que deben ser borradas de la pizarra de la memoria, muchas cosas deben ser olvidadas. No vivamos angustiados, afligidos, heridos con la estima baja, echándonos la culpa a nosotros mismos, odiando a algún ingrato, perseguidos y acosados por nuestro pasado. Digamos: *"Dios me hizo olvidar..."* Deje que Dios le ayude a olvidar. Llévele ante su trono todas sus angustias y quejas pasadas. Ábrale su corazón y cuéntele a Dios como se has sentido. Practique una vida habitual de oración y de lectura bíblica. Salga del Egipto de la esclavitud y conquiste la Canaán de la libertad. En Cristo Jesús, usted es una persona libre, redimida, emancipada y realizada. Usted es todo lo que Él dijo y dice que es.

III. La bendición de fructificar

"Y llamó el nombre del segundo, Efraín; porque dijo:
Dios me hizo fructificar en la tierra de mi aflicción"
(41:52).

El nombre Efraín significa: *"Fructífero"*. En tierra de extraños José fue bendecido. Dios lo hizo fructificar. Lo puso en gracia. Le dio sabiduría para realizar trabajos en los cuales tenía "cero" experiencia. Lo promovió de lo más bajo a lo más alto y le dio esposa e hijos. José fue un bendecido de Dios. Por cada puerta que le cerraban, Dios le abrió otra. Dios le cambiaba sus derrotas en victoria, sus desventajas en ventajas, sus fracasos en triunfos.

Sociológicamente en Egipto, José tenía que ser destruido de su cultura, su lenguaje, sus costumbres y sus valores sociales. Pero no fue así, Dios lo hizo fructificar.

Sicológicamente en Egipto, José tenía que ser deteriorado de su autoestima, de sus motivaciones, de su desarrollo humano, de su sensibilidad humana. Pero no fue así, Dios lo hizo fructificar.

Espiritualmente en Egipto, José tenía que ser afectado de su religión, sus principios espirituales, su relación con Dios, su fe y comunión con el Dios hebreo. Pero no fue así, Dios lo hizo fructificar.

José estuvo en Egipto, pero Egipto nunca estuvo en José. El creyente que cree en Cristo Jesús está en el mundo, pero el mundo no debe estar en el corazón del creyente. ¡Estamos en el mundo, pero no somos del mundo! El mundo no puede ser nuestro hogar. ¡Somos extraterrestres en este planeta! Estamos aquí en viaje de escala para tratar de llevar con nosotros el mayor número posible de terrícolas lavados por la sangre del Cordero Jesús.

En las palabras de bendición que Dios le dio en Bet-el a Jacob le dijo: *"Yo soy el Dios omnipotente: crece y multiplícate; una nación y conjunto de naciones procederán de ti, y reyes saldrán de tus lomos"* *(Gn. 35:11).*

A Jacob, Dios le dio una unción de *"crece y multiplícate"*. El crecimiento es subjetivo, la multiplicación es objetiva. Sin crecimiento no hay multiplicación. El creyente es llamado a crecer y a multiplicarse. Debe crecer en su vida de fe, de oración, de lectura bíblica, de adoración, de alabanza, de ayuno, de consagración, de santidad. Se debe multiplicar en el servicio a Dios y a su prójimo, en el ejercicio de los dones, en el fruto del Espíritu, en los ministerios, en su pasión por las almas perdidas, en su compasión hacia los sufridos, los marginados de nuestra sociedad. ¡Crezca y multiplíquese!

El creyente que crece asistiendo a las actividades del templo, sosteniendo la obra de Dios con sus diezmos y ofrendas, dando cuenta de su vida espiritual a su pastor y a sus líderes, ayunando, orando y leyendo la Palabra de Dios, que vive compartiendo en amistad con los hermanos en la fe, será también el creyente que se multiplicará en la unción sobre su vida, en la manifestación de los dones espirituales y en el trabajo para el Señor Jesucristo.

Como creyentes somos llamados a crecer en el fruto del Espíritu y a multiplicarnos en las obras de la fe. Crecemos en el discipulado y nos multiplicamos en la evangelización. Nuestros pensamientos nos pueden transformar en enanos del fracaso o en gigantes del triunfo.

Conclusión

(1) Para el actualizador el tiempo y la paciencia son los mejores testigos para ver un propósito realizado. (2) Para el actualizador el dejar que Dios lo ayude a olvidar todo el mal pasado es saludable. (3) Para el actualizador fructificar en un medio ambiente árido es su mayor reto.

LA PROFECÍA DEL SOÑADOR

"Así se cumplieron los siete años de abundancia que hubo en la tierra de Egipto. Y comenzaron a venir los siete años del hambre, como José había dicho; y hubo hambre en todos los países, mas en toda la tierra de Egipto había pan" (Gn. 41:53-54).

Introducción

Los versículos 53 al 57 del capítulo 41 de Génesis son el cumplimiento de lo profetizado por José el soñador al interpretar los sueños del Faraón. A los siete años de abundancia le siguieron los siete años de hambre.

Lo que un actualizador profetiza se cumple. Durante catorce años, Egipto vivió bajo la profecía de José. ¡Lo que dijo se cumplió! Él declaró lo bueno y también lo malo. Vio la abundancia y vio la necesidad.

En una ocasión, una líder de la congregación que pastoreo me preguntó: "Pastor, usted siempre está hablando de visión. ¿Cuál es su visión para esta iglesia?" La miré a los ojos y le contesté: "La visión mía para la iglesia es la que estamos viviendo ahora mismo". Muchos viven bajo un sueño y una visión y no se dan cuenta.

I. El cumplimiento

"Y comenzaron a venir los siete años del hambre, como José había dicho; y hubo hambre en todos los países, mas en toda la tierra de Egipto había pan" (41:54).

Durante el tiempo de abundancia es muy fácil gastarlo todo, derrochar sin control y desperdiciar sin disciplina. No gaste todo lo que reciba, ahorre para el futuro. José fue un extraordinario economista. Hizo al pueblo almacenar el veinte por ciento de todas las cosechas, o sea, el quinto de todo. De este modo se creó una gran reserva para la gran hambre que se acercaba.

Mi buen amigo y padre espiritual, el Rdo. Carlos Osorio, una vez me dijo: "Kittim, tienes que ahorrar cuando estés en el tiempo de 'las vacas gordas'. Tarde o temprano te llegará el tiempo de 'las vacas flacas' ".

Los siete años de abundancia se cumplieron en Egipto (41:53). Todo llega a su final. Las bendiciones materiales un día pueden llegar a faltar. Uno se puede acostumbrar tanto a la abundancia, a la prosperidad, al vivir extravagante, que fácilmente se puede olvidar de lo que pueda depararle el futuro. ¡Hoy tenemos que pensar en mañana!

No bien terminaron aquellos siete años de tanta cosecha, de abundancia agrícola, vinieron los otros siete años de poca o ninguna cosecha. Dice el texto bíblico: *"Comenzaron a venir los siete años del hambre, como José había dicho; y hubo hambre en todos los países, mas en toda la tierra de Egipto había pan"* (41:54).

Me llama la atención la declaración: *"Como José había dicho"*. Los realizadores saben hablar proféticamente. Muchos de los planes que los realizadores interpretan los ven cumplidos en su propia generación. Ven las cosas buenas que vendrán, pero también las malas. Los realizadores viven dando profecías futuras. Con sus sueños y visiones alteran su futuro y el de los demás.

En Joel 2:28 leemos: *"Y después de esto derramaré mi Espíritu sobre toda carne, y profetizarán vuestros hijos y vuestras hijas; vuestros ancianos soñarán sueños, y vuestros jóvenes verán visiones"*.

La vida en el Espíritu produce profecías, sueños y visiones. Sin sueños y visiones no se puede tener éxito en la vida. Los que no sueñan no viven la vida plena de Dios. ¡Sea un soñador y conviértase en un constructor de su destino! ¡Dejar de soñar es dejar de vivir!

Los sueños son la dinamita que explota las posibilidades del triunfo y de los logros en cualquier ser humano. Usted es una mina humana de recursos inagotables. Déjese explotar por los sueños y visiones. Según de grandes sean sus sueños, así de grandes serán sus logros.

Comience a profetizar su futuro. Declare en fe los propósitos del Señor Jesucristo para su vida. Proclame todos los días para que ha nacido en este mundo. Cámbiese del carril de la incredulidad al de la fe. Múdese de la casa de las dudas a la de la fe. Salga del cuarto de la negación al balcón de la confesión.

II. El instrumento

> "Cuando se sintió el hambre en toda la tierra de Egipto, el pueblo clamó a Faraón por pan. Y dijo Faraón a todos los egipcios: Id a José, y haced lo que él os dijere" (41:55).

Estas palabras del Faraón a los egipcios son muy importantes: *"Id a José, y haced lo que él os dijere"*. En Juan 2:5 leemos palabras similares expresadas por María, la madre de Jesús, en ocasión de las bodas en Caná de Galilea y la inauguración de su ministerio milagroso: *"Su madre dijo a los que servían: Haced todo lo que os dijere"*.

Comparemos: *"Y haced lo que él os dijere" (41:55)* con *"haced lo que él os dijere"*. Lo interesante que en José encontramos la más detallada tipología mesiánica. Su propia vida con la de nuestro Señor Jesucristo se cruzan en las avenidas de los paralelismos

José el instrumento de salvación física para un pueblo. Jesús el instrumento de salvación espiritual para otro pueblo. Con José sería bendecido su propio pueblo hebreo y los gentiles. Con Jesús su propio pueblo judío y los gentiles. Uno dio alimento físico y el otro alimento espiritual.

Los que tienen metas les llegará el día para ser instrumentos de bien, de ayuda y de socorro a otros. Sus sueños y visiones no solo le ayudarán a usted, ayudarán a otros. El mundo y los suyos necesitan de sus sueños. El que sueña hace el mundo mejor para que otros puedan vivir en el mismo y disfrutar del mismo. Sus sueños y visiones son sus metas, sus planes, su propósito, sus realizaciones, sus actualizaciones, sus triunfos y sus logros en la vida.

Faraón dijo: *"Id a José, y haced lo que él os dijere"*. Si necesita ayuda, orientación, motivación, vaya y busque algún soñador. ¡Solo los triunfadores descubren necesidades y saben cómo llenarlas! ¡Solo los actualizadores tienen soluciones a los problemas! Los realizadores contagian con sus planes y hacen mejor nuestra sociedad.

Muchos realizadores escriben libros motivacionales, dan a

conocer sus sueños y hablan de sus logros, ¡Léalos! Otros actualizadores conducen seminarios donde expresan sus principios de realización humana y de logros personales. ¡Asista a los mismos!

También hay muchos triunfadores que son predicadores y maestros. ¡Adquiera sus grabaciones! Otros soñadores son personas comunes y corrientes, que a diario vemos delante de nosotros. ¡Acérquese a ellos y deje que sus vidas influyan en la suya!

Los sueños de otros le darán deseos de soñar como ellos. Por eso escúchelos bien. Deje que sus sueños inspiren los suyos y transfórmese en el soñador que Dios quiere que sea. Soñar comienza con el simple deseo de soñar. ¿Quiere soñar? ¡Pues sueñe! ¿Desea superación en la vida? ¡Sueñe! ¿Quiere alcanzar metas? ¡Sueñe! ¿Quiere ser distinguido entre muchos? ¡Sueñe! ¿Quiere ser el instrumento que Jesucristo desea usar? ¡Sueñe!

En Génesis 41:56-57 leemos: *"Y el hambre estaba por toda la extensión del país. Entonces abrió José todo granero donde había, y vendía a los egipcios; porque había crecido el hambre en la tierra de Egipto. Y de toda la tierra venían a Egipto para comprar de José, porque por toda la tierra había crecido el hambre".*

Por toda la tierra el Espíritu Santo está abriendo el apetito espiritual con un hambre santa del pan celestial. El pueblo clama por ese *"pan"*, pero se necesita a un José que les diga que tienen que hacer. En nación tras nación, en cuatro continentes donde me ha tocado predicar el evangelio, he visto el hambre espiritual que se tiene de la presencia de Dios y de la Palabra de Dios.

Me gusta esta declaración: *"Entonces abrió José todo granero donde había, y vendía a los egipcios".* El que guarda hoy, tendrá mañana. Ahorre hoy y no le faltará mañana. El que no ahorra cuando tiene, no tendrá cuando necesite. Guarde en el granero ahora que tiene abundancia y cuando venga la necesidad lo podrá abrir.

En estos días, el Señor Jesucristo está abriendo los graneros del mundo para que los hijos de Dios puedan tener recursos. Mucho de lo que el mundo ha estado almacenando llegará a manos de muchos hijos de Dios. Hombres y mujeres con graneros se convertirán, se harán miembros de muchas congregaciones y abrirán esos graneros.

Muchos pastores han tenido que desarrollar ministerios encaminados a los profesionales, como mi amigo el Dr. Guadalupe Reyes en Mission, Texas, donde celebra reuniones con hombres de negocios de la congregación y amigos de estos para motivarlos con la Palabra y animarlos a tener éxito en los negocios. De igual manera lo hace el Dr. Israel Suárez en Fort Myers, Florida, donde muchos hombres de negocios encuentran en este un recurso de motivación y quien se muestra realmente interesado en lo que hacen.

Conclusión

(1) El triunfador proclama sus metas a otros y las ve cumplidas en ellos. (2) El realizador inspira y motiva con sus planes a otros. (3) El mundo necesita de los actualizadores.

EL ENCUENTRO CON EL SOÑADOR

"José, pues, conoció a sus hermanos; pero ellos no le conocieron" (Gn. 42:8).

Introducción

Ante la hambruna que asolaba su región, Jacob envió a sus diez hijos mayores a Egipto para comprar alimentos (42:1-3). A Benjamín el menor lo dejó con él (42:4). Al llegar delante de José, ahora todo un señor en Egipto, se inclinaron ante él (42:6). Él los reconoció, pero no ellos a él (42:7-8). En ese momento recordó los sueños que tuvo cuando joven en Siquem (42:9). Hizo un plan, acusándolos de espías (42:9-14) para que trajeran a Benjamín el menor (42:15-16). Los metió presos por tres días (42:17) y al tercer día dejó a Simeón preso (42:19-26).

Hizo que les llenaran los sacos, les devolvió el dinero pagado y les dio comida para el viaje de regreso (42:25). Uno de ellos al ver el dinero en el saco alarmó a los otros (42:27-28).

Al llegar donde su padre Jacob le contaron el maltrato de José y la acusación que les hizo (42:29-30). Le refirieron a su padre que José quería que le llevaran a Benjamín el menor (42:32-34). Al vaciar los sacos vieron el dinero devuelto y esto los llenó de temor (42:35). Al padre le entristeció que José había desaparecido, Simeón estaba preso y a Benjamín había que llevarlo a Egipto (42:36). Rubén se comprometió en que él devolvería a Benjamín a su padre (42:37). Pero Jacob no aceptó la propuesta de Rubén.

I. El envío

"Y dijo: He aquí, yo he oído que hay víveres en Egipto; descended allá, y comprad de allí para nosotros, para que podamos vivir, y no muramos" (42:2).

Jacob sabía que en Egipto había alimento mientras sus hijos se estaban mirando a la cara: *"¿Por qué os estáis mirando?"* (42:1). Esta es la misma actitud de muchos seres humanos, que en vez de buscar soluciones se la pasan mirando a otros o mirándose entre ellos. Es tiempo de dejar de mirarnos las caras y de mirar hacia donde están las soluciones.

En vez de estar pasando el tiempo identificando problemas, descubriendo problemas, necesitamos ser localizadores de soluciones. Cada problema nos reta e invita a buscar una solución.

Me gusta esta declaración de Jacob: *"He aquí, yo he oído que hay víveres en Egipto, descended allá, y comprad de allí para nosotros, para que podamos vivir, y no muramos"* (42:2). Jacob fue un pensador tenaz, de mente positiva y que confesaba posibilidades. No se dejaba anestesiar por el problema, se mantenía despierto ante la solución. Hay que "oír" donde está la solución e ir en busca de ella.

Él envió a sus diez hijos mayores y dejó consigo a Benjamín diciendo: *"No sea que le acontezca algún desastre"* (42:4). Ese hijo menor era su responsabilidad como padre. No quería ver repetida una historia negativa sobre su otro hijo menor. Muchas veces las historias tienden a repetirse y hay que evitar, hasta donde sea posible, que esto no suceda. Esos hijos menores, adolescentes o muy jóvenes, tienen que ser cuidados como diamantes valiosísimos. El enemigo de las almas y de la familia buscará maneras de enredarlos y destruirles su futuro victorioso.

II. El encuentro

"Y José era el señor de la tierra, quien le vendía a todo el pueblo de la tierra; y llegaron los hermanos de José, y se inclinaron a él rostro a tierra" (42:6).

Veintidós largos años habían transcurrido desde que los hermanos de José lo vieron por última vez en Siquem. Cada diez años el ser humano experimenta en todos los niveles cambios fisiológicos, hormonales y sicológicos. José y ellos eran distintos.

Ahora *"José era el señor de la tierra"* (42:6). ¡Dios lo había puesto en alto! Sus aparentes derrotas y fracasos se convirtieron en peldaños para alcanzar el éxito. Al ver a ese funcionario egipcio, honorable y prestigioso, sus hermanos *"se inclinaron a él rostro a tierra"* (42:6). José había visto en sueños que los manojos recogidos por sus hermanos en el campo se inclinaban al de él (37:7). También soñó que el sol, la luna y once estrellas se inclinaban ante él (37:9). Frente a sus ojos tenía dos sueños cumplidos, tal y como Dios se lo había revelado. El propósito divino se cumplió en el soñador.

En un solo día, en una sola hora, en minutos, el soñador vio sus sueños de veintidós años atrás cumplirse. El espacio del tiempo para José se cerró en aquel momento.

Al ver a sus hermanos, José los reconoció (42:7). Pero se hizo que no los conocía y les habló muy ásperamente (42:7). Notemos su pregunta: *"¿De dónde habéis venido?"* A lo que respondieron: *"De la tierra de Canaán, para comprar alimentos" (42:7).* El discípulo de la vida se convierte ahora en el maestro de la vida. Sus hermanos necesitaban una lección y el soñador se la daría.

Leemos: *"Entonces se acordó José de los sueños que había tenido acerca de ellos..." (42:9).* Los sueños nunca se olvidan y más cuando vivimos su cumplimiento. Aquellos que no creen en sus planes cuando se los ha contado, que le critican porque planifica, llegará el día que los tendrá delante de usted y ante ellos verá sus metas cumplidas. El propósito final es el mejor amigo para cualquier triunfador de Dios. Veintidós años después... José estaba de pie y sus hermanos de rodillas, él tenía y ellos necesitaban. ¡La vida da muchas vueltas!

Sus hermanos *"no le conocieron" (42:8).* Lo vieron y no sabían quien era. El pastor de ovejas había pasado por una metamorfosis social, convirtiéndose en un importante funcionario egipcio, con poderes conferidos por el mismo Faraón. El "sin nadie" era ahora el "don alguien". Antes él necesitaba de ellos, ahora ellos necesitan de él.

Los hermanos de José lo habían conocido cuando no veían algún futuro en su vida. Ahora cambiado, prosperado, lleno de éxito, realizado en la vida, tampoco *"le conocieron".*

III. La lección

> "Y les dijo: Espías sois; por ver lo descubierto del
> país habéis venido" (42:9).

Ahora José los prueba. Les declaró que eran espías y ellos respondieron que solo habían venido a comprar alimentos (42:10). Hablaron bien de su padre Jacob y testificaron: *"somos hombres honrados; tus siervos nunca fueron espías" (42:11).* Ante la insistencia de José, ellos le contaron quienes eran, mencionaron a Benjamín que se quedó con el padre y dijeron: *"y otro no parece" (42:13).* Y ese *"otro"* lo tenían al frente.

Llamándolos espías de nuevo, José decidió dejarlos presos. Al tercer día ofreció darle la libertad a uno de ellos para que llevara alimento a la casa y trajera al menor (42:14-20).

Me gusta lo dicho por José el soñador: *"...Yo temo a Dios..."* *(42:18)*. Por ese temor a Dios no cobraría venganza con ellos, no les pagaría mal con mal. No odiaría a los que lo odiaron. Solamente los quería probar y enseñarles que lo que se siembra se cosecha. Con estas palabras: *"...yo temo a Dios"*, José les estaba predicando.

El temor a Dios es la marca distintiva de todo realizador. Por ese temor a Dios, no cobraremos venganza de alguien que nos hizo daño. Por ese temor a Dios, no trataremos a otros como ellos nos trataron a nosotros. Por ese temor a Dios, extenderemos la mano al que nunca la extendió para ayudarnos. No traicionaremos aunque hayamos sido traicionados. No seremos infieles aunque nos hayan sido infieles. No heriremos aunque nos hayan herido. No perseguiremos aunque nos hayan perseguido.

Hablándose el uno al otro se decían: *"Verdaderamente hemos pecado contra nuestro hermano, pues vimos la angustia de su alma cuando nos rogaba, y no le escuchamos; por eso ha venido sobre nosotros esta angustia"* (42:21). El soñador con su sermón logró producir un espíritu contrito en ellos, los hizo sentarse en el banquillo de los culpables. En sus conciencias todavía veían y escuchaban a su hermano José cuando les suplicaba que no lo abandonaran. Su pecado les producía remordimiento, volvió a morder sus conciencias dos décadas después.

A lo que Rubén repuso: *"¿No os hablé yo y dije: No pequéis contra el joven, y no escuchasteis? He aquí también se nos demanda su sangre"* (42:22). Ellos habían pecado porque no le hicieron caso al consejo que Rubén les había dado y ahora años después la justicia les estaba cobrando. Lo que se siembra, sea bueno o sea malo, a corto o a largo plazo, dará su cosecha. ¡El mal o el bien siempre pagan! Ante la justicia divina nadie quedará inmune. Haga bien y recibirá bien, haga mal y recibirá mal. Pórtese bien con otros y otros se portarán bien con usted. Ayude y será ayudado. Un dicho popular dice: "Haz bien y no mires a quien".

Leemos: *"Pero ellos no sabían que los entendía José, porque había intérprete entre ellos. Y se apartó José de ellos, y lloró; después volvió a ellos, y les habló, y tomó de entre ellos a Simeón, y lo aprisionó a vista de ellos"* (42:23-24). ¡Qué interesante! Hablaban, pero el soñador los entendía. No había olvidado su idioma. Tenía sentimientos y apartado de ellos *"lloró"*. Los soñadores también lloran ante la injusticia y por él mal que se les ha hecho a ellos.

Alguien dijo: "Para vivir una larga vida, debemos llorar mucho, reír mucho y orar mucho". Todo esto produce una catarsis positiva de descarga emocional. Abramos ventanas sicológicas para que entre ventilación a nuestra vida. Descarguemos nuestra vida de todos esos pensamientos y sentimientos negativos. Diariamente debemos desaguar todo aquello que sea negativo de nuestra mente.

A Simeón lo dejó preso, a sus hermanos ordenó llenarles sus sacos de trigo y pidió que le devolviesen el dinero poniéndolo en sus sacos, además de comida para el viaje (42:25).

Al abrir uno de ellos su saco vio el dinero y sorprendido dijo *"¿Qué es esto que nos ha hecho Dios?" (42:28)*. Dios usa a los soñadores para hacer milagros en la vida de otros. Como soñador dé a conocer sus bendiciones con otros que están en necesidad. Lo más importante en la vida no es tanto dar, sino darnos a nosotros mismos para otros que nos necesitan. La mejor ofrenda que usted y yo podemos dar a un mundo en necesidad de ayuda, es darnos como esa ayuda.

Al llegar ellos donde Jacob su padre le rindieron un informe de su viaje a Egipto, de cuán ásperos fueron tratados por *"aquel varón, señor de la tierra" (42:30)* y como ellos le respondieron (42:31-32). Le dijeron a su padre Jacob que aquel señor de Egipto les pidió que demostraran su honradez de que no eran espías trayendo a su hermano Benjamín el menor y así Simeón les sería devuelto y en Egipto podían hacer negocios (42:34). Al vaciar sus sacos vieron atado en cada uno su dinero y esto los atemorizó (42:35). A Jacob no le gustó la propuesta, ya había perdido a José, Simeón estaba preso y se preocupó por Benjamín (42:30).

Rubén se responsabilizó poniendo a sus dos hijos como garantía de que él le devolvería a Benjamín a su padre (42:37). Pero Jacob contestó: *"No descenderá mi hijo con vosotros, pues su hermano ha muerto, y él solo ha quedado; y si le aconteciere algún desastre en el camino por donde vais, haréis descender mis canas con dolor al Seol" (42:38)*.

Primero, *"no descenderá mi hijo con vosotros"*. El amor posesivo de este padre es justificado. Ya no podía confiar en el cuidado y protección de sus otros hijos hacia el menor. Ya antes le había fallado y ahora no confía en ellos. ¡Hijos, no les fallen a sus padres para que estos no dejen de confiar en ustedes!

El que nos ha fallado una vez, no tiene algo que nos asegure que no nos fallará de nuevo. Seamos cautelosos en lo que confiamos y cómo confiamos en dicha persona.

Segundo, *"pues su hermano ha muerto"*. En su corazón Jacob siempre guardó luto por su hijo José al que creía muerto. El obispo Mario Reyes y su esposa, la misionera Flora, padres de siete hijas y un solo hijo varón portador del nombre del padre, fueron testigos de cómo la leucemia reclamó la vida de su hijo a la edad de veintiún años. Mientras visitaba a mi amigo en Atlanta, Georgia, me testificó su experiencia: "¡No es fácil hablar de la muerte de un hijo!" Allí escuchaba a un gigante de la fe abriendo su corazón para declarar su dolor a un colega.

Tercero, *"y él solo ha quedado"*. Benjamín tenía hermanos mayores, pero era como si no los hubiera tenido. Ellos no tenían tiempo para él y por eso estaba solo. Además, Jacob amó mucho a José y ante la desaparición de este, volcó todo su amor paternal hacia Benjamín.

Si algo le pasaba a Benjamín, declaró Jacob: *"haréis descender mis canas con dolor al Seol"*. De pasarle algo a Benjamín, su padre nunca se hubiera recuperado de su estado emocional. Hasta el día de su muerte habría de vivir en dolor.

Hay dolores provocados por los hijos que acompañan hasta el sepulcro. Muchos hijos no saben hasta dónde pueden sufrir los parientes por ellos. Aun con sus canas sufren por los hijos. ¡No haga sufrir a sus padres! ¡Considérelos en su vejez! ¡Respételes sus canas!

Conclusión

(1) No nos pasemos mirándonos las caras unos a otros, miremos hacia donde están las soluciones. (2) Aunque los soñadores cambian por fuera, por dentro sus sueños se mantienen. (3) La vida es un libro de lecciones que a veces no nos gusta estudiar.

EL REENCUENTRO CON EL SOÑADOR

"Y alzando José sus ojos vio a Benjamín su hermano, hijo de su madre, y dijo: ¿Es éste vuestro hermano menor, de quien me hablasteis? Y dijo: Dios tenga misericordia de ti, hijo mío" (Gn. 43:29).

Introducción

El trigo traído de Egipto se les acabó a los hijos de Jacob (43:2). Él envió a sus hijos por más alimentos y Judá le declaró a su padre que si no llevaban a Benjamín a Egipto, no podrían ver el rostro del encargado de Faraón (es decir José) y solicitó a su padre el permiso para llevar a Benjamín (43:3-5).

Jacob les echó en cara el haber mencionado al varón egipcio sobre Benjamín (43:6). Ellos respondieron que *"aquel varón"* les preguntó por toda la familia y les pidió que quería ver al hermano menor (43:7). Judá volvió a insistirle a Jacob que enviara a Benjamín con ellos y él se haría responsable del hermano menor (43:8).

Jacob accedió y envió presentes a *"aquel varón"*. Les encargó que llevaran el doble del dinero (43:13). Se amparó en la misericordia de Dios y se resignó a su voluntad en cuanto a sus dos hijos (43:14). Con Benjamín se presentaron ante José. Este dio orden para que ellos comieran con él en su casa (43:15-16).

Ante el mayordomo de la casa de José le explicaron sobre el dinero en los costales y su intención de devolverlo, pero este los animó a no temer y a verlo como una bendición de Dios (43:17-23) y les sacó a Simeón (43:23). Ya en casa de José bebieron agua, se lavaron los pies y sus asnos comieron (43:24).

Al llegar el mediodía le entregaron a José los presentes y se inclinaron ante él dando cumplimiento a los dos sueños que tuvo él a los diecisiete años, habían pasado veintidós años (43:27). José les preguntó por su padre si vivía todavía (43:27). Por segunda vez lo reverenciaron (43:28).

Al ver a Benjamín se conmovió y entró a su cuarto a llorar sin que lo vieran (43:29-31). Comieron, José aparte de ellos como era la costumbre egipcia, sentados en orden de edad (43:32-33). A Benjamín le dio la porción más grande y hubo alegría (43:34).

I. La necesidad

> "Y aconteció que cuando acabaron de comer el trigo
> que trajeron de Egipto, les dijo su padre: Volved, y
> comprad para nosotros un poco de alimento" (43:2).

Ante la solicitud de Jacob, Judá le respondió que si Benjamín no iba con ellos *"aquel varón"* (José) no los vería (43:3-5). A lo que el anciano padre reaccionó: *"¿Por qué me hicisteis tanto mal, declarando al varón que teníais otro hermano?"* (43:6). Ellos le aclararon que fue *"aquel varón"* quien le hizo preguntas acerca de la familia (43:4). Si algo habían aprendido, después de lo que le hicieron a su hermano José, fue a no mentir.

Judá se hace responsable de llevar consigo a Benjamín y de traerlo de vuelta (43:8-10). No había tiempo que perder y tenían que moverse con prontitud: *"Pues si no nos hubiéramos detenido, ciertamente hubiéramos ya vuelto dos veces"* (43:10). La demora muchas veces es la peor enemiga del tiempo. Hay decisiones que no pueden ser postergadas. A los problemas hay que enfrentarlos lo antes posible y arriesgarnos a las consecuencias.

Israel o Jacob les declaró: *"Pues que así es, hacedlo; tomad de lo mejor de la tierra en vuestros sacos, y llevad a aquel varón un presente, un poco de bálsamo, un poco de miel, aromas y mirra, nueces y almendras"* (43:11). Este anciano conocía los principios de las relaciones humanas y las relaciones públicas. Los envió como embajadores de paz. Diplomacia funciona más que contienda. El arte de la diplomacia supera y allana las diferencias. Atila, el legendario rey de los Hunos, conocido como "azote de Dios" por sus detractores, practicó en su carrera militar el arte de la diplomacia. Sabía cuándo y cómo negociar con sus enemigos.

Además les hizo llevar el doble del dinero, por si había habido una equivocación con el dinero encontrado en sus costales (43:12). Me gusta la declaración: *"quizá fue equivocación"*. Debemos estar dispuestos a reparar lo que nos hayamos equivocado. Las equivocaciones no nos eximen de las responsabilidades y de los deberes. Las equivocaciones no son excusas para tomar ventajas de nuestro prójimo.

II. El permiso

"Tomad también a vuestro hermano, y levantaos, y
volved a aquel varón" (43:13).

Israel no fue testarudo ante la realidad. Notamos en él flexibilidad y sensibilidad humana. Declaró: "*Y el Dios Omnipotente os dé misericordia delante de aquel varón, y os suelte al otro vuestro hermano, y a este Benjamín. Y si he de ser privado de mis hijos, séalo*" (43:14).

"*Y el Dios Omnipotente os dé misericordia delante de aquel varón*". Israel creía en el poder que tiene la bendición dada a los hijos. Les declaró que Dios es omnipotente, por eso lo llamó "*Dios omnipotente*"; el Dios que todo lo puede hacer. Además, les declaró que su misericordia los ayudaría con "*aquel varón*". La doctrina de la misericordia divina debe ser enfatizada. Cuando invocamos su misericordia sobre alguien es para que no sean tratados como esperan, sino como Dios quiere que se les trate.

"*Y si he de ser privado de mis hijos, séalo*". Esto es resignación. Esto es aceptar la voluntad de Dios. Esto es prepararse para lo peor. La vida incluye reveses y tenemos que estar listos para los mismos. Él habló en plural" "*de mis hijos*". Tuvo que confrontar el pasado, tenía que enfrentar el futuro.

Con Benjamín descendieron a Egipto para encontrarse con José (43:15). Ahora tenían que buscar al soñador. Al ver José a Benjamín junto a ellos, le ordenó al mayordomo que los llevara a su casa para que comieran con él al mediodía (43:16). Al llegar a la casa de José se llenaron de temor, pensando que él los quería hacer sus esclavos (43:18). Estaban cosechando en su conciencia lo que habían sembrado. Ante el mayordomo buscaron excusarse y dar explicaciones (43:19-22). El mayordomo les declaró: "*Paz a vosotros, no temáis*" (43:23) y les recalcó que lo recibido fue la bendición de Dios para ellos. ¡Qué lección! Habiendo sido tan malos, todavía su Dios los bendecía. ¡Esto es misericordia!

Leemos: "*Y sacó a Simeón a ellos*" (43:23). Todo estaba muy calculado por el soñador. En la casa se les dio un trato de huéspedes (43:24) y se prepararon para esperar a José (43:25).

III. El reencuentro

"Y vino José a casa, y ellos le trajeron el presente que
tenían en su mano dentro de la casa, y se inclinaron
ante él hasta la tierra" (43:26).

Los dos sueños en la juventud de José el soñador se vuelven a cumplir cuando sus hermanos se inclinaron ante él (43:26). Notemos que lo primero que hizo José fue interesarse por el estado de su padre (43:27). ¡Qué ejemplo para cualquier hijo! El Día de los padres es cada vez que un hijo se recuerda de su padre. Ellos le afirmaron que todo le iba bien a su padre: *"Y se inclinaron, e hicieron reverencia" (43:28)*. A José se le dio respeto. El respeto no se reclama, el respeto se gana. La autoridad no se exige, la autoridad se demuestra.

Al ver a Benjamín preguntó: *"¿Es éste vuestro hermano menor, de quien me hablasteis? Y dijo: Dios tenga misericordia de ti, hijo mío"* (43:29). Vio a su hermano menor como su *"hijo"* e invocó la misericordia divina sobre él. Al ver a Benjamín se conmovió José *"y buscó dónde llorar; y entró en su cámara, y lloró allí" (43:30)*. ¡Los soñadores nunca pierden su sensibilidad humana! ¡Saben llorar! La mejor terapia para que cualquier ser humano viva más y se mantenga más joven es: ¡Ore más! ¡Ría más! ¡Llore más! No reprima sus emociones.

Después de llorar en su cámara, leemos de José: *"Y lavó su rostro y salió, y se contuvo, y dijo: Poned pan" (43:31)*. El soñador es un hombre con autocontrol y templanza, alguien que se sabe contener y comportar no deja que sus emociones o sentimientos dicten las pautas en su vida. Es emocional pero no es emocionalista.

En 43:32 leemos: *"Y pusieron para él aparte, y separadamente para ellos, y aparte para los egipcios que con él comían; porque los egipcios no pueden comer pan con los hebreos, lo cual es abominación a los egipcios"*. Aquí se introduce una costumbre egipcia. José respetó la cultura egipcia que había adoptado. Con su acción no estaba menospreciando la suya propia.

En la ciudad de Nueva York donde vivo, con cinco condados: Brooklyn, Manhattan, Bronx, Staten Island y Queens, se hablan ciento veinte idiomas y tenemos ocho millones de habitantes, la congregación que pastoreo tiene una representación internacional de 17 nacionalidades. He aprendido que respetar a otra cultura es ganar el respeto para la propia cultura de uno mismo.

Respetamos para ser respetados. He predicado el evangelio de Jesucristo en toda Latinoamérica, sin mencionar países de Europa, Asia y África, pero en cada uno de ellos he aprendido a apreciar el valor y riqueza cultural de los mismos.

Ante José el soñador se sentaron del mayor al menor. *"Y estaban aquellos hombres atónitos mirándose el uno al otro" (43:33).* Todo lo que estaba sucediendo los tenía desconcertados, asombrados, tomados por sorpresa. No entendían que era esto que les sucedía. ¡Sentados a la mesa de un dignatario egipcio! ¡Participando de un sueño que nunca tuvieron! Muchos se beneficiarán con los sueños cumplidos de otros. ¡Uno realiza para bendecir a otros!

A sus hermanos José les dio alimentos, pero a su hermano Benjamín le multiplicó cinco veces la porción. Le dio un trato preferencial. Esa era su prerrogativa. Dios bendice a unos más que a otros. No debemos cuestionar porque lo hace.

"Y bebieron, y se alegraron con él" (43:34). El capítulo termina con una nota de comunión, de confraternidad y de alegría. ¡Los soñadores saben compartir alegría y ofrecer alegría! Invitan a otros a sentarse con ellos en su mesa. Con ellos celebró aquella ocasión de perdón y de restauración.

Conclusión

(1) Las equivocaciones no son excusas para tomar ventajas de nuestro prójimo. (2) Ante la realidad tenemos que ser flexibles y sensibles. (3) Los soñadores saben llorar en privado y reír en público.

LA COPA DEL SOÑADOR

"Y pondrás mi copa, la copa de plata, en la boca del costal del menor, con el dinero de su trigo. Y él hizo como dijo José" (Gn. 44:2).

Introducción

José le instruyó a su mayordomo que llenara los costales de sus hermanos y les devolviera el dinero (44:1). Además, que pusiera su copa de plata en el costal de Benjamín (44:2) con el dinero de su trigo. No iban lejos de la ciudad en la mañana cuando el mayordomo los alcanzó y los acusó de robar la copa de plata que pertenecía a José (44:3-5).

Ellos se excusaron y estuvieron dispuestos a que si alguno fuera hallado con la copa de plata, este muriera (44:6-9). El mayordomo aceptó que el que tuviera la copa sería su siervo y los demás fueran librados (44:10). Al buscar en los costales, la copa fue hallada en el de Benjamín (44:11-13).

Al regresar a la ciudad, Judá con sus hermanos se postraron ante José, el cual los reprendió (44:14-15). Sus hermanos estuvieron dispuestos a someterse a José como sus siervos (44:16). Pero José declaró: *"Nunca yo tal haga. El varón en cuyo poder fue hallada la copa, él será mi siervo; vosotros id en paz a vuestro padre"* (44:17).

Los versículos 18 al 34 presentan la apelación que Judá magistralmente hizo ante José, apelando a las palabras de su padre y su promesa ante aquel ofreciéndose el mismo para quedar en lugar del joven. Esto es un reflejo de la doctrina de la sustitución, la cual cumplió a cabalidad nuestro Señor Jesucristo.

I. La orden

"Y pondrás mi copa, la copa de plata, en la boca del
costal del menor, con el dinero de su trigo" (44:2).

Todavía José el soñador no ha terminado de darles la lección a
sus hermanos. No era un hombre vengativo ni rencoroso, pero
tenía que disciplinar a sus hermanos. No podía hacerles las cosas
fáciles.

Por esto decidió utilizar su copa de plata. Ordenó ponerla en
el costal de Benjamín. Le dio instrucciones a su mayordomo para
que los alcanzara y los acusara de haberle robado la copa de plata,
la cual para los egipcios se utilizaba para beber y para adivinar;
aunque José no la utilizaba con este último propósito. Era un
vaso importante (44:4-5). Así también lo fue el soñador, sus
hermanos no lo trataron a él como una copa de plata, en la cual
su padre Israel bebía de su cariño y Dios revelaba su propósito.
Más bien lo robaron y lo vendieron a los ismaelitas.

Leemos: *¿Por qué habéis vuelto mal por bien? ¿Por qué habéis robado
mi copa de plata?... Habéis hecho mal en lo que hicisteis"* (44:4-5).

El énfasis está en esta declaración: "*¿...habéis vuelto mal por
bien?*" "*Habéis hecho mal en lo que hicisteis*". Con la copa de plata,
José el soñador les reprochaba el mal que le habían hecho cuando
solo les había hecho bien a ellos.

Los hermanos del soñador respondieron al mayordomo
cuando los alcanzó: "*¿Por qué dice nuestro señor tales cosas? Nunca
tal hagan tus siervos*" (44:7). Se veían así mismos incapaces de hacer
mal o de pagar mal por bien. Pero en su juventud, hacía veintidós
años, si lo hicieron con su hermano José. Habían escapado de su
pasado, pero José los quiere hacer regresar para dales una buena
lección.

Enseñar a otros a perdonar traer sanidad interior y hace mucho
bien a nuestra alma. Otro puede hacerse su enemigo, pero usted
no se convierta en enemigo del otro.

Ellos se desarmaron con su propia confesión: "*Aquel de tus
siervos en quien fuere hallada la copa, que muera, y aun nosotros seremos
siervos de mi señor*" (44:9). Las palabras atan o desatan. Pueden
producir vida o muerte. Estaban seguros de su propia inocencia,
pero así también lo estuvo José el soñador, quién se expuso a la
muerte y a la esclavitud.

El mayordomo tomó sus propias palabras, aunque con más
benevolencia: "*También ahora sea conforme a vuestras palabras; aquel
en quien se hallare será mi siervo, y vosotros seréis sin culpa*" (44:10).

II. El hallazgo

"Y buscó, desde el mayor comenzó, y acabó en el
menor; y la copa fue hallada en el costal de
Benjamín" (44:12).

Estaban seguros de que la copa de plata nunca sería hallada en ellos. Pero la misma fue encontrada en el costal de Benjamín. Con sus vestidos rasgados por la costumbre hebrea ante el dolor, regresaron a la ciudad (44:13).

Al llegar Judá con sus hermanos a José, este les preguntó: "*¿Qué acción es esta que habéis hecho? ¿No sabéis que un hombre como yo sabe adivinar?*" *(44:14)*. José les estaba pegando con la vara de la disciplina. Les aplicó una disciplina constructiva y restauradora.

Recordemos que fue Judá quién dijo: "*¿Qué provecho hay en que matemos a nuestro hermano y encubramos su muerte? Venid, y vendámosle a los ismaelitas, y no sea nuestra mano sobre él; porque él es nuestro hermano, nuestra propia carne. Y sus hermanos convinieron con él*" *(37:26-27)*.

Judá sabía que las palabras eran innecesarias, que no se podían justificar, por esto afirmó: "*...he aquí, nosotros somos siervos de mi señor, nosotros, y también aquel en cuyo poder fue hallada la copa*" *(44:16)*.

Ante la persona de Jesucristo ningún pecador se puede defender con sus palabras, no se puede justificar por sus acciones pecaminosas, solamente tiene que aceptar la culpabilidad espiritual. ¡Hemos pecado! ¡Hemos fallado! La copa de la maldad ha sido hallada en el costal de nuestro corazón.

Hace varios años me encontraba en Mendoza, Argentina. Al tomar un taxi le dije al conductor: "Mi amigo, Dios lo bendiga". Me miró y me contestó: "No me diga que Dios me bendiga, no creo en Dios". Sin pensar mucho en lo que diría, respondí: "Mi amigo, si Dios no existiera y usted pudiera probarme que no existe. Yo tendría que inventarme a Dios. Desde que le sirvo solo me ha hecho bien y le ha hecho bien a millones de personas". El sorprendido repuso: "Es interesante lo que usted dice, nadie me había hablado así y menos un ministro evangélico". Mi respuesta le dejó ver cuán importante es la necesidad de Dios en el ser humano.

José declaró: "*Nunca yo tal haga. El varón en cuyo poder fue hallada la copa, él será mi siervo; vosotros id en paz a vuestro padre*" *(44:17)*. Los soñadores nunca dejan que lo dicho, lo expresado o lo declarado por otros, determine la conducta de sus acciones: *"Nunca yo tal haga"*. Los triunfadores saben tomar sus propias decisiones. Hacen lo que su corazón les dicta que hagan. A José solo le interesaba quedarse con Benjamín.

III. La intercesión

"Entonces Judá se acercó a él, y dijo: Ay, señor mío, te ruego que permitas que hable tu siervo una palabra en oídos de mi señor, y no se encienda tu enojo contra tu siervo, pues tú eres como Faraón" (44:18).

Judá parece que tenía el ministerio de intercesor (cp. 37:26-27). En nuestros días, en la iglesia se necesitan con urgencia hombres que puedan mediar a favor de otros, que tengan interés en ayudar a otras personas. Lamentablemente, la mayoría de las personas se tornan egoístas y solo piensan en sí mismas. Trabajan únicamente por su visión y solo están interesados en sus proyectos y en sus programas.

Para muchos su visión es la única importante, la única que viene de Dios. Invitan a otros a unirse a ellos, pero ellos no se unen a otros. Ministerios "grandes", si se puede utilizar este adjetivo, cuando ministerios más "pequeños" y con una visión de Dios los invitan a colaborar, les dan las espaldas. La unidad comienza cuando es uno quien se une a otro que tiene una necesidad.

La verdadera unidad no es segregacionista, es integracionista. En vez de invitar a que se le unan, se une a otros. Pero unidad no es uniformidad, es ser distintos pero trabajar juntos.

Primero, Judá *"se acercó a él"* (44:18). Los problemas se resuelven de cerca. Tratando directamente con la persona adecuada, de persona a persona. Acérquese a aquel que le puede ayudar. Un ministerio de acercamiento es importante en nuestros días.

Segundo, Judá expresó: *"te ruego que permitas que hable tu siervo una palabra en oídos de mi señor"* (44:18). Hablando muchas veces se resuelven los problemas. La falta de comunicación prolonga los problemas. Exprese libremente lo que tiene en el corazón. Eso es terapéutico.

Tercero, Judá declaró: *"y no se encienda tu enojo contra tu siervo"* (44:18). Buscó como aplacarle la ira. A una persona enojada o que se puede enojar fácilmente, se le tiene que tratar apaciblemente. Aprendamos como lidiar con gente que se enoja con facilidad. Es un arte tratar con personas imposibles y amargadas.

Cuarto, Judá comentó: *"pues tú eres como Faraón" (44:18).* Apeló a su misericordia comparándolo con alguien importante. José no creyó lo que decía Judá de él. Muchos nos comparan con personas que realmente no somos. Pablo declaró: *"No tenga más alto concepto de sí que el que debe tener".* No nos creamos ser menos, pero tampoco nos creamos ser más.

Allí le recordó a José que él fue el que preguntó por su padre o hermanos, y ellos le respondieron mencionando a su hermano joven y a otro menor que había muerto. Este joven vivo era amado por su padre. Le trajeron porque así lo pidió José, aunque su padre, a causa de lo sucedido a José, no estaba a gusto en dejar venir a Benjamín (44:19-31).

Judá le dijo a José que le había dado su palabra a su padre anciano como fiador de Benjamín (44:32). Le pidió quedar como sustituto por el joven (44:33). Esta imagen nos recuerda al Señor Jesucristo, quien en la cruz del Calvario tomó nuestro lugar, fue nuestro sustituto y pagó el precio por nuestra redención.

Judá no quería regresar a su padre sin su hermano Benjamín (44:34). Él quería ser su rescate. El Señor Jesucristo fue nuestro rescate. Se ofreció como fiador por la raza humana y en el Calvario cumplió con su palabra, dando su propia vida. De Judá se originó la tribu que llevó su nombre, como resultado de la deportación babilónica, ya que las otras diez tribus desaparecieron con la deportación por los asirios y el Señor Jesucristo fue de la tribu de Judá. Al Señor se le conoce en Apocalipsis 5:5 como *"El León de la tribu de Judá".* En Jesucristo tenemos a un redentor, un mediador y un intercesor.

Conclusión

(1) La disciplina nunca es destructiva, sino constructiva. (2) Los errores del pasado jamás se pueden justificar. (3) El intercesor está dispuesto a ponerse en el lugar de la otra persona.

LA MANIFESTACIÓN DEL SOÑADOR

19

"No podía ya José contenerse delante de todos los
que estaban al lado suyo, y clamó: Haced salir de mi
presencia a todos. Y no quedó nadie con él, al darse
a conocer José a sus hermanos" (Gn. 45:1).

Introducción

Judá, hermano de José, quien se había responsabilizado por
regresar a Benjamín, había terminado su apelación (44:18-36). Ya
José no se podía contener. Hizo salir a todos, llorando con fuerza
(45:1-2) y declaró: *"Yo soy José; ¿vive aún mi padre?"* (45:3). *"Yo soy
José vuestro hermano, el que vendisteis para Egipto"* (45:4).

Luego los animó a no llenarse de tristeza y a entender que ese
era el propósito de Dios para su vida y la de ellos (45:5-8). Envió
luego ayuda a su padre Jacob (45:9-13).

Con sus hermanos lloró y ellos con él (45:22-25). Al Faraón le
agradó el reencuentro de José con sus hermanos (45:16) y le animó
para que toda su familia viniera hacia donde él estaba (45:17-21).
Después de haberles dado suficiente provisión, José les envió de
regreso a tierra de Canaán (45:22-25).

Les aconsejó: *"No riñáis por el camino"* (45:24). Al comunicarle
a Jacob la noticia sobre José, él no podía creerles (45:26), pero
luego de hablar más detenidamente con ellos les creyó (45:27) y
se llenó de ánimo por verlo (45:28).

I. La manifestación

"No podía ya José contenerse delante de todos los
que estaban al lado suyo, y clamó: Haced salir de mi
presencia a todos. Y no quedó nadie con él, al darse
a conocer José a sus hermanos" (45:1).

Lo dicho por Judá y la presencia de todos sus hermanos sumado al recuerdo, la melancolía y la nostalgia producen en José un cambio de actitud y el deseo de revelarles su propia identidad. Hizo salir a todos sus siervos egipcios. Solo con sus hermanos se da a conocer. Este secreto ya no lo podía guardar más en su corazón.

Hay secretos que no se pueden guardar por mucho tiempo. Secretos que en lugar de hacer bien, hacen daño. Se tienen que expresar. El confesarlos es saludable para el alma.

Sin embargo, mucho cuidado con encuentros y actividades donde se invita a los creyentes a confesar públicamente pecados y situaciones emocionales de índole personal. En estos casos en lugar de ayudar en el proceso de catarsis, lo que hacen es hacer público algo que solo se debe confesar a Dios y quizás a un ministro o consejero con experiencia en estos asuntos. Aunque esto se proclama bajo la consigna de "sanando las heridas", lo que realmente hace es "abrir las heridas". Predicadores sin experiencia en la psicología y en la conducta y comportamiento humanos se ponen a jugar al pequeño psicólogo.

José buscó la privacidad para hablar algo personal y familiar. Los problemas familiares deben ventilarse dentro de la familia. Los extraños deben ser excusados de los negocios familiares. Son asuntos que se deben tratar a puerta cerrada. "Los trapos sucios", se dice, "se lavan en casa, para que el vecino no se entere".

Para los egipcios, los hebreos eran una etnia inferior. Su oficio de pastorear ovejas, los rebajaba ante los egipcios. José era un gobernador egipcio, con prestigio y honor, que tendría que bajarse al nivel de sus hermanos al identificarse con ellos. ¡No era fácil lo que le tocaba hacer!

Sin ninguna vergüenza *"se dio a llorar a gritos" (45:2)*. Sus gritos fueron oídos por los egipcios y aun Faraón se enteró (45:2). El llorar es una válvula de escape emocional que hace bien. Los niños lloran, las mujeres lloran, pero los hombres también lloran.

Leemos: *"Yo soy José, ¿vive aún mi padre?" (45:3)*. No dio muchos rodeos. Fue al grano. Se les manifestó: *"Yo soy José"*. Nunca se olvidó, después de veinte años quién era. Los años hacen que muchos sufran de amnesia situacional. Se olvidan de dónde vinieron y quiénes son. José preguntó por su padre Jacob: "*¿Vive aún mi padre?"* Sabía que vivía, pero le era importante interesarse por él.

Sus hermanos se quedaron sin palabras. No sabían que responder. Estaban turbados y confundidos. José los ayuda emocionalmente al decirles: *"Acercaos ahora a mí" (45:4)*. Se hace accesible para ellos. No les pone barreras de separación ni de distanciamiento. Leemos: *"Y ellos se acercaron" (45:4)*. Cuando permitimos a otros acercarse a nosotros, ellos se acercarán. Somos nosotros quienes atraemos o repelemos.

Al acercarse a él, les declaró: *"Yo soy José vuestro hermano, el que vendisteis para Egipto" (45:4)*. Ahora le añadió: *"vuestro hermano, el que vendisteis para Egipto"*. Los confrontó con la realidad. Pero a pesar de todo, nunca dejó de verse así mismo como el hermano de ellos. No es como otros le vean a usted, sino como usted ve a los otros.

II. La consolación

> "Ahora, pues, no os entristezcáis, ni os pese de haberme vendido acá; porque para preservación de vida me envió Dios delante de vosotros" (45:5).

José veía las cosas por el lado bueno de la vida y no por el lado malo. Los triunfadores en todo descubren la providencia divina. Ven a Dios presente en todos sus actos. El realizador es un agente de perdón, un instrumento de misericordia y una herramienta de amor. No dejó que el rencor y la amargura lo insensibilizaran para él perdonar y amar. Perdonando ganamos. Perdonando borramos todo el rencor que pueda haberse anidado en nuestra vida.

Él les dijo: *"Ahora, pues, no os entristezcáis, ni os pese de haberme vendido acá..." (45:5)*. En vez de José ser consolado, él consuela. Muestra su fe ante los reveses de la vida. Con el pañuelo de nuestros sufrimientos le secamos las lágrimas a los que vienen a nosotros llorando.

Romanos 8:28 dice: *"Y sabemos que a los que aman a Dios, todas las cosas les ayudan a bien, esto es, a los que conforme a su propósito son llamados"*.

Esta palabra "propósito" es *prótesis* en griego y significa "antes" y "lugar". Literalmente "llevar adelante". ¡Dios tiene un propósito con usted! Ya Dios tiene planes diseñados para usted y para mí. Nosotros, tomando la actitud y la decisión correcta, contribuiremos para que lo que ya está destinado para nosotros se cumpla.

José les recordó que ya se habían cumplido dos años de hambre y faltaban cinco años (45:6). Declaró: *"Y Dios me envió delante de vosotros, para preservaros posteridad sobre la tierra, y para daros vida por medio de gran liberación" (45:7).* Él entendió que todo lo que le había ocurrido era la voluntad de Dios en su vida para provecho de otros.

Cuando vemos una meta cumplida, comprendemos por qué tuvimos que transitar por el camino que pasamos. Nada ni nadie le podrá despertar de su sueño. ¡Su sueño es usted! Quien se condena a su pasado, fracasará en su futuro.

Lo que no entendemos ahora del porqué de las cosas, un día lo entenderemos. Todo se nos aclarará. El Espíritu Santo nos dará a conocer que detrás de todo estaba el *Arquitecto* de la vida haciendo sus dibujos milagrosos.

Leemos: *"Así, pues, no me enviasteis acá vosotros, sino Dios, que me ha puesto por padre de Faraón y por señor de toda su casa, por gobernador en toda la tierra de Egipto" (45:8).* Sin ellos darse cuenta fueron instrumentos de la voluntad de Dios. James Doblón le llama a esto: *"Cuando lo que Dios hace no tiene sentido".* Otro autor, un rabino judío, tituló un libro: *"Cuando a la gente buena le ocurren cosas malas".* En la vida la mayoría de las veces no entenderemos aquellas cosas que nos parecen contradictorias, pero en ellas Dios nos enseña algo.

José les sacó todos sus credenciales y les mostró todos sus diplomas: (1) *Consejero* de Faraón. (2) *Señor* de su casa. (3) *Gobernador* en Egipto. Pero todo a causa de Dios: "Dios me ha puesto..." Muchos recuerdan los títulos, pero se olvidan del Dios que los puso ahí donde están.

José el soñador pidió a sus hermanos que fueran donde su padre Jacob con la buena noticia (45:9-11). En el mensaje le decía: *"ven a mí, no te detengas" (45:9).* Palabras de aliento y fortaleza para un anciano. Luego añade: *"Y allí te alimentaré... para que no perezcas de pobreza tú y tu casa, y todo lo que tienes" (45:11).* Le ofreció protección, provisión y seguridad.

Leemos: *"Haréis, pues, saber a mi padre toda mi gloria en Egipto, y todo lo que habéis visto; y daos prisa, y traed a mi padre acá" (45:13).*

Aquí se habla de gloria humana. Dios da gloria al ser humano. Pero su gloria Dios no la comparte con nadie. En el arca del pacto Dios reposaba su gloria, en el Sinaí manifestó su gloria y en Jesucristo reveló su gloria. Con esa gloria nos cubre a nosotros los creyentes.

Leemos: *"Y se echó sobre el cuello de Benjamín su hermano, y lloró; y también Benjamín lloró sobre su cuello. Y besó a todos sus hermanos, y lloró sobre ellos; y después sus hermanos hablaron con él" (45:14-15).*

¡Qué escena tan tierna y conmovedora! José el soñador perdonó a todos sus hermanos desde lo más profundo de su corazón. Estos versículos gotean lágrimas que son una mezcla de sentimientos de tristeza y gozo; de perdón y amor.

III. El permiso

> "Y dijo Faraón a José: Di a tus hermanos: Haced esto: cargad vuestras bestias, e id, volved a la tierra de Canaán" (45:17).

Ese reencuentro de José el soñador con sus hermanos hebreos fue la noticia del momento. A Faraón le llegó con estas palabras: *"Los hermanos de José han venido" (45:16).* Dios obró en el corazón de Faraón y sus allegados, leemos: *"Y esto agradó en los ojos de Faraón y de sus siervos" (45:16).*

Los encuentros y reencuentros son siempre buenos. Encontrarse con alguien que no hemos visto por mucho tiempo, encontrarse con alguien que fue importante en nuestra vida, pero mejor aún es tener encuentros y reencuentros con la persona de Jesucristo y reencontrarnos con la familia de la fe.

En los versículos 17 al 21 vemos la magnanimidad y el desprendimiento del corazón de Faraón hacia la familia de José. Dios en su soberanía obró en el corazón de este monarca egipcio para que diera *"lo bueno de la tierra"*, *"la abundancia de la tierra"* y *"la riqueza de la tierra de Egipto"* al pueblo de Dios. ¡Las riquezas de Egipto son para la Iglesia!

Los hermanos de José llegaron a Jacob con carros, víveres, mudas de vestidos, diez asnos cargados de lo mejor, diez asnas cargadas de trigo, pan y comida. A Benjamín José le dio *"trescientas piezas de plata, y cinco mudas de vestidos" (45:22).* De todo se les dio en abundancia. A causa de José el soñador Dios bendijo a su familia en anticipo de lo que vendría después. ¡En Jesucristo somos bendecidos! ¡Somos bendecidos para bendecir!

Al despedir a sus hermanos les exhortó: *"No riñáis por el camino" (45:24).* ¿Por qué el autor del Génesis registró estas palabras? Nada en la Biblia está por accidente. Todo lo que se dice es importante. José sabía que a pesar de ellos ser testigos de la providencia y la soberanía de Dios manifestada, todavía había tendencias carnales y espíritu de contienda en ellos. Como hermanos se peleaban, olvidándose de las bendiciones recibidas. ¿No sucede así en nuestras congregaciones?

A pesar de las muchas bendiciones que nos da el Señor Jesucristo, de los milagros que hace, los hermanos se pelean por cosas sencillas que no valen ni la pena. Alguien tradujo esa expresión *"no riñáis por el camino"*, como: "no peleen entre ustedes". Y yo diría: "Déjense de estarse atacando el uno al otro" o "paren ya esas niñerías y sean adultos".

Al llegar a Canaán le informaron todo a Jacob: *"Y el corazón de Jacob se afligió, porque no los creía"* (45:26). Habían mentido y engañado tanto a su padre, que ya no tenía fe en sus palabras. Los hijos que mienten a sus padres pierden la confianza de estos.

Al oírlos más Jacob y ver los carros que José envió para llevarlo, leemos: *"su espíritu revivió* (45:27). Jacob experimentó un avivamiento en su vida, se avivó personalmente. Todo avivamiento espiritual debe comenzar en uno. Cuando uno se aviva está listo para participar del avivamiento. Cuando nuestro espíritu revive todo cobra vida. El avivamiento es subjetivo (adentro) y objetivo (afuera). Comienza en mí y termina en usted, comienza en usted y termina en mí. ¿Queremos avivamiento? ¡Vamos a unirnos para que lo haya! ¡Entremos ya al avivamiento! Una congregación avivada es aquella que evangeliza, que gana almas para Jesucristo, que la pasión por alcanzar a los perdidos es una urgencia en el desarrollo de la misión.

Jacob luego respondió: *"Basta; José mi hijo vive todavía; iré, y le veré antes que yo muera"* (45:28). Por fin Jacob se convenció de que José, su predilecto, vivía. Con una sola palabra termina todo: *"Basta"*. Esta palabra *"basta"* congela todo, para todo, calla todo, mueve todo, impulsa todo y afirma todo. Se debe emplear más a menudo en nuestro léxico. Es un freno hidráulico a las emociones y a la razón.

Conclusión

(1) El soñador sabe cuándo es el tiempo de revelar algo ha llegado y sabe acercar a otros hacia sí mismo. (2) El soñador, a pesar de todo lo negativo que le ha sucedido, entiende que muchas veces lo que Dios hace parece que no tiene sentido. (3) El soñador ayuda a otros a revivir en su espíritu.

LA LLEGADA AL SOÑADOR

"Y de los postreros de sus hermanos tomó cinco
varones, y los presentó delante de Faraón"
(Gn. 47:2).

Introducción

Jacob en su camino a Egipto llegó a Beerseba y allí sacrificó al
Dios de su padre Isaac (46:2). Dios le confirmó a Jacob por tercera
vez el pacto que hizo a Abraham y a Isaac (46:2-4). Un total de
setenta personas (incluyéndolo a él, a José y a Efraín con Manasés
entraron a Egipto sin las mujeres de los hijos de Jacob) (46:27).

José informó al Faraón de la llegada de su padre y sus hermanos
(47:1). A cinco de los más jóvenes instruyó para que se presentasen
ante Faraón como ganaderos, aunque pastoreaban ovejas. Este
oficio último era abominable a los egipcios (47:2-4). El Faraón les
permitió establecerse en tierra de Gosén (47:5-12).

En los versículos 13 al 26 vemos a José el soñador comprando
de los egipcios el ganado, la tierra y aun aceptándolos como
esclavos por el pan o alimento, para no morir de hambre. La ley
de quintar de la cosecha para Faraón se impuso como ley por
José (47:26).

En los versículos 27 al 31 Jacob le pidió a José que le jurara que
al morir, sus huesos serían enterrados en el sepulcro de Abraham
e Isaac.

I. El viaje

"Y los hijos de José, que le nacieron en Egipto, dos
personas. Todas las personas de la casa de Jacob,
que entraron en Egipto, fueron setenta" (46:27).

Jacob llegó a Beerseba y ofreció sacrificios a Dios (46:1). Cuando joven, Jacob fue de allí hasta Harán donde tuvo la visión de la escalera que subía al cielo y ángeles subían y bajaban por ella (28:10-12). En este lugar Dios se le reveló e hizo pacto con él (28:13-15) y él con Dios (28:16-22). Beerseba era el lugar de la revelación. Este servidor ha estado en Beerseba y es un valle hermoso, sembrado en medio del desierto y urbanizado.

En la noche, Dios le habló a Jacob y él respondió: *"Heme aquí" (46:2)*. Allí Dios le confirmó por tercera vez el pacto: *"Yo soy Dios, el Dios de tu padre; no temas de descender a Egipto, porque allí yo haré de ti una gran nación. Yo descenderé contigo a Egipto, y yo también te haré volver; y la mano de José cerrará tus ojos" (46:3-4)*.

Con Jacob, incluyendo a José y sus dos hijos, descendieron setenta personas y cuatrocientos treinta años después salieron cerca de seiscientos mil (Éx. 12:37). Dios los acompañó a Egipto y los sacó luego de Egipto. Dios confirmó su pacto seis veces con Abraham, dos veces con Isaac y tres veces con Jacob. La palabra de Dios es fiel y verdadera.

Los versículos 5 al 25 presentan la larga lista de los miembros de la familia de Jacob que le acompañaron a Egipto. En Gosén Jacob y José se encontraron: *"Y José unció su carro y vino a recibir a Israel su padre en Gosén; y se manifestó a él, y se echó sobre su cuello, y lloró sobre su cuello largamente" (46:29)*. ¡Qué cuadro tan emotivo! Me recuerda el encuentro entre el hijo pródigo y el padre amante (Lc. 15:20). Un cuadro de perdón y aceptación para el pecador arrepentido que por medio de Jesucristo llega al Padre celestial.

José acordó subir al Faraón e informarle que sus hermanos eran pastores de ovejas y ganaderos (46:32). Los preparó para que les contestaran a Faraón cuando indagara acerca del oficio. Debían decir que eran ganaderos: *"Entonces diréis: Hombres de ganadería han sido tus siervos desde nuestra juventud hasta ahora, nosotros y nuestros padres; a fin de que moréis en la tierra de Gosén, porque para los egipcios es abominación todo pastor de ovejas" (46:34)*.

Muchos seres humanos desprecian a otros por su etnia, por su religión o por su oficio. Los soñadores o triunfadores enseñan que aceptar a otros sin prejuicios y discriminaciones realza la dignidad humana. El carácter de una persona es más importante que el trabajo que realiza. El trabajar sin clasificación, dignifica al ser humano. No se sienta nunca acomplejado por la clase de trabajo que le ha tocado desempeñar en la vida. Por el contrario, déle gracias a Dios que usted puede trabajar y le gusta trabajar.

No importa cuál sea su trabajo, hágalo con dignidad y con

excelencia. Sea el mejor trabajador de su compañía. Gócese en la clase de trabajo que realiza y déle gracias a Dios todos los días porque le ha dado ese trabajo. El trabajo no lo hace a usted, usted hace el trabajo.

Aunque las ovejas no eran importantes para los egipcios, ellas eran importantes para los hebreos. Por muchas razones de uso y consumo doméstico, pero mayormente porque los primogénitos de las ovejas se consagraban a Dios y los corderos perfectos se le ofrendaban para la expiación.

II. La magnanimidad

"Entonces Faraón habló a José, diciendo: Tu padre y tus hermanos han venido a ti. La tierra de Egipto delante de ti está; en lo mejor de la tierra haz habitar a tu padre y a tus hermanos; habiten en la tierra de Gosén; y si entiendes que hay entre ellos hombres capaces, ponlos por mayorales del ganado mío" (47:5-6).

José le informó a Faraón que su padre, hermanos, ovejas y vacas de Canaán llegaron a la tierra de Gosén (47:1). Les presentó a cinco de sus hermanos más jóvenes (47:2). El soñador sabe darle importancia a la juventud.

Cuando Faraón les preguntó por su oficio le contestaron: *"Pastores de ovejas son tus siervos, así nosotros como nuestros padres"* (47:3). Aunque José los preparó, sin rodeos confesaron su oficio de pastores de ovejas. Además, le señalaron que continuarían pastoreando ovejas, porque ya no había pasto en su tierra y en Gosén sí (47:4). Dios obró en el corazón de Faraón, puso en él magnanimidad. Solo Dios puede tocar a los políticos para que piensen políticamente correctamente y ayuden a los pobres. El gobierno que no ayuda a los pobres se condena al fracaso.

La oposición partidista ayuda para que aquellos que están en el poder se sientan presionados a cumplir con lo prometido y de esa manera, los pobres no sean totalmente olvidados.

Faraón también declaró: *"y si entiendes que hay entre ellos hombres capaces, ponlos por mayorales del ganado mío"* (47:6). ¡Qué gran oferta de trabajo! ¡Faraón quería confiar su ganado a estos hebreos! Si alguien cumple con buenos requisitos para cualquier trabajo, son aquellos cristianos de testimonio y comprometidos con el Señor Jesucristo y con su reino espiritual. Las posiciones de más confianza se les deben ofrecer a creyentes trabajadores y fieles.

José también presenta a su padre Jacob al Faraón. Cuando le preguntó la edad, Jacob respondió: *"Los días de los años de mi peregrinación son ciento treinta años; pocos y malos han sido los días de los años de mi vida, y no han llegado a los días de los años de la vida de mis padres en los días de su peregrinación"* (47:9).

Para Jacob sus años fueron *"pocos y malos"*. La vida para muchos seres humanos es dura, difícil, llena de golpes y sin muchas victorias. Oremos a Dios para que nuestros años, hablando espiritualmente, sean "muchos y buenos". Que en bendiciones podamos sobrepasar a nuestros padres en la fe.

Jacob también bendijo a Faraón (47:10). El que ayudó fue bendecido y las bendiciones no tienen precio. Este monarca egipcio, que no sabemos quien fue, tuvo el privilegio de ser arropado por una bendición patriarcal.

En el versículo 11 se nos declara que la familia de José habitó en Ramasés, es decir Gosén. Rámses II fue el Faraón de más renombre, cuyos colosos son enormes (he estado en Egipto varias veces y lo puedo atestiguar). La ciudad se llamó así en honor a su nombre. Aunque este nombre es de inclusión tardía o posterior.

Leemos: *"Y alimentaba José a su padre y a sus hermanos, y a toda la casa de su padre, con pan, según el número de los hijos"* (47:12). Aquel que no querían, que despreciaron, que lo vendieron como esclavo, es él que ahora en sus necesidades les proveyó a todos.

El hambre alcanzó a todo Egipto y Canaán (47:13). José controló todo el dinero egipcio (47:14). También hizo acordó con los egipcios darles trigo a cambio de ganado y caballos (47:15-17). En el próximo año, a cambio de trigo tomaría la tierra de los egipcios para el Faraón, haciéndose este dueño de toda la tierra (47:18-21), menos el territorio de los sacerdotes (47:22). Ellos también se vendieron como siervos o esclavos a Faraón (47:19, 23).

José los trató con benevolencia, dejándolos trabajar la tierra y reclamándoles el quinto de la cosecha para el Faraón (47:24-26). El escritor del libro del Génesis explica que la ley del quinto de la cosecha fue instaurada por José el soñador (47:26). Los realizadores dan inicio a muchas tradiciones y leyes buenas. Son precursores de ideas innovativas. Se les recuerda por las cosas que implementan.

Leemos: *"Así habitó Israel en la tierra de Egipto, en la tierra de Gosén; y tomaron posesión de ella, y se aumentaron, y se multiplicaron en gran manera"* (47:27).

Notemos las palabras *"tomaron posesión"*, *"se aumentaron"* y *"se multiplicaron"*. Dios les dio autoridad y les dio crecimiento. La bendición divina los hizo crecer y multiplicarse. Cuando salieron de Egipto, cuatro siglos después, eran una seiscientas mil personas.

Conclusión

(1) El padre del soñador volvió al lugar de la revelación divina y agradeció a Dios por lo que había hecho. (2) El Faraón, tocado por Dios, mostró magnanimidad hacia la familia de José el soñador.

EL PADRE DEL SOÑADOR

"Y llegaron los días de Israel para morir, y llamó a José su hijo, y le dijo: Si he hallado ahora gracia en tus ojos, te ruego que pongas tu mano debajo de mi muslo, y harás conmigo misericordia y verdad. Te ruego que no me entierres en Egipto" (Gn. 47:29).

Introducción

Jacob vivió hasta los ciento cuarenta y siete años (47:28). Hizo que José le jurara que no lo enterraría en Egipto, sino junto a los patriarcas Abraham e Isaac en Hebrón (47:29-31).

Luego bendijo a Efraín y a Manasés, a quienes reclamó como suyos (48:5). Aunque José ubicó a Efraín a la izquierda de Jacob y a Manasés a la derecha, este cambió sus manos, cruzó los brazos y con la mano derecha bendijo a Efraín, declarándolo espiritualmente el primogénito (48:13-20).

A su hijo José, Jacob le profetizó que llegaría el día que Dios los sacaría de Egipto y los llevaría a Canaán (48:21-22). El capítulo 49 se dedica a una larga profecía de Jacob a todos sus hijos.

I. La petición

"...te ruego que no me entierres en Egipto" (47:29).

Jacob vivió en Egipto diecisiete años (47:28) y llegó hasta la edad de ciento cuarenta y siete años (47:28). Sabiendo de la proximidad de su muerte, llamó a José y bajo juramento le pidió que no lo enterrara en Egipto, sino en el sepulcro de su padre Isaac y de su abuelo Abraham. Hasta el día de hoy, en la cueva de Macpela en Hebrón se conservan las tumbas de estos tres patriarcas.

Leemos: *"Si he hallado ahora gracia en tus ojos, te ruego que pongas tu mano debajo de mi muslo, y harás conmigo misericordia y verdad. Te ruego que no me entierres en Egipto"* (47:29).

Aquí se evoca una costumbre oriental, la de juramentar algo poniendo la mano sobre el área genital. Abraham hizo que su criado le jurara que no tomaría mujer cananea para Isaac, sino de su parentela: *"Pon ahora tu mano debajo de mi muslo"* (Gn. 24:2; cp. 24:9). José le respondió al patriarca: *"Haré como tú dices"* (47:30). Jacob sabía que José era un hijo de palabra y que cumpliría lo misma.

¿Cuántas promesas se les hacen a los padres y los hijos luego los olvidan y no las cumplen? Hijos cumplan lo que les han prometido a sus padres. Esto es algo que Dios observa desde los cielos.

Me gusta esta expresión: *"Haré como tú dices"*. Esta declaración implica obediencia. El soñador era un hombre en autoridad, que respetaba la autoridad espiritual representada por su padre. Él no tenía problemas en hacer lo que su padre Jacob le ordenaba. Como gobernador de Egipto estaba en autoridad sobre su padre, pero como hijo estaba en casa bajo autoridad del padre.

Muchos hoy día que enseñan sobre autoridad, son los más rebeldes. Solo conocen la autoridad que está debajo y sujeta a ellos, no saben lo que es ponerse bajo la autoridad de alguien por encima de ellos. Proclaman y exigen algo que es contradictorio en sus propias vidas. Son dictadores de las acciones en las vidas de otros, pero rebeldes en sus propias acciones.

La llamada "teocracia" que enseñan muchos afiebrados de la "apostolitis", no es sino una "dedocracia", una "digocracia", una "mandocracia" o una "impongocracia".

II. La bendición

"Y los bendijo aquel día, diciendo: En ti bendecirá Israel, diciendo: Hágate Dios como a Efraín y como a Manasés. Y puso a Efraín antes de Manasés" (48:20).

A causa de su vejez Jacob no reconoció a sus dos nietos Efraín y Manasés. Por eso preguntó a José: *"¿Quiénes son éstos?"* (48:8). Una vez identificados, a petición de su padre Jacob, José les acercó los nietos para ser bendecidos (48:9-10). El Antiguo Testamento da mucha importancia a las bendiciones de los padres a los hijos y de los abuelos a los nietos. Bendecir a una segunda o tercera generación es muy importante. Tiene muchos efectos positivos en el plano espiritual, cuando los abuelos o los padres han tenido un pacto especial con Dios.

José tomó a Efraín a su derecha, para que estuviera a la mano izquierda del abuelo, y a Manasés a su izquierda para que la mano derecha del abuelo se posara en él (48:13). Jacob cruzó la mano derecha y la puso sobre Efraín (48:14). Puso también su mano izquierda sobre la cabeza de Manasés (48:14). Lo correcto hubiera sido que Jacob pusiera su mano derecha sobre Manasés, el primogénito.

Escuchemos la bendición que pronunció: *"Y bendijo a José, diciendo: El Dios en cuya presencia anduvieron mis padres Abraham e Isaac, el Dios que me mantiene desde que yo soy hasta este día, el Angel que me liberta de todo mal, bendiga a estos jóvenes; y sea perpetuado en ellos mi nombre, y el nombre de mis padres Abraham e Isaac, y multiplíquense en gran manera en medio de la tierra"* (48:15-16). Esta fue una bendición de multiplicación. ¡Dios desea que su pueblo se multiplique!

Al ver que su padre cruzó las manos y en vez de poner su mano derecha sobre Manasés, la puso sobre Efraín, José se disgustó (48:17) y trató de cambiarle la mano hacia el primogénito. Jacob no quiso y le habló (48:17-19). Aquí descubrimos algunos principios espirituales, se nota algo de la soberanía divina.

Primero, *"colocando así sus manos adrede"* (48:14). Jacob sabía lo que estaba haciendo. En él no había alguna clase de confusión. En la carne, la tradición le decía que tenía que poner la mano derecha sobre Manasés, el primogénito y no sobre Efraín, el segundo. Pero en el espíritu, cambió sus manos. La ley del espíritu es mayor que la tradición.

Segundo, *"le causó esto disgusto"* (48:17). José no vio esto bien. Para él no había explicación lógica. Lo correcto era que Jacob bendijera a su nieto mayor Manasés. En lo natural a Manasés le tocaba ese privilegio de la bendición del primogénito y no a Efraín. Muchos se disgustan cuando no entienden los cambios de Dios. A algunos que le toca alguna posición por antigüedad, Dios a propósito cambia el orden natural y se le da a otro que es más nuevo.

Tercero, *"y asió la mano de su padre, para cambiarla de la cabeza de Efraín a la cabeza de Manasés"* (48:17). José actuó basado en sus propias convicciones y tradiciones, no basado en la revelación y en el propósito de Dios.

Cuarto, *"mas su padre no quiso, y dijo: Lo sé, hijo mío, lo sé"* *(48:19)*. Jacob sabía porque hizo el cruce de manos. No dejó que José le hiciera cambiar de propósito. En el espíritu ambos serían pueblos engrandecidos, pero la descendencia del menor sería más grande y formaría multitud de naciones (48:19).

Quinto, *"y puso a Efraín antes de Manasés"* *(48:20)*. Esta elección se hizo por revelación divina y no por favoritismo humano. La edad no era requisito. Dios muchas veces pasa por sobre la edad para establecer su propósito.

Dios en su soberanía muchas veces escoge personas que son *segundas* y las hace *primeras*. Hace un cruce de sus manos espirituales y otorga la primogenitura espiritual al que no le tocaba. Al que le correspondía, sin jamás entenderlo uno, lo pone en un segundo lugar. Nuestro derecho espiritual puede ser alterado por el derecho espiritual de Dios. Tenemos que ser sumisos a la voluntad divina y dispuestos a entrar en su propósito. ¡El que no es, puede llegar a ser el que es!

III. La declaración

> "Y dijo Israel a José: He aquí yo muero; pero Dios estará con vosotros, y os hará volver a la tierra de vuestros padres" (48:21).

Primero, *"he aquí yo muero"*. Jacob sabía en su espíritu que su muerte era inminente. Su alma ya estaba en paz con Dios y no quería dejar este mundo sin antes bendecir a sus hijos y a su descendencia. Moriría en paz consigo mismo, con su familia y mayor aún, con su Creador.

Segundo, *"pero Dios estará con vosotros"* ¡Qué tremenda verdad! ¡Qué palabras de esperanza! Él moriría pero Dios que no muere estaría con ellos. Aunque Jacob era el timón espiritual, Dios era el que manejaba.

Esta verdad de que Dios está y estará con sus hijos espirituales, debe animarnos a la comunión con Él y al servicio a favor de Él con nuestro prójimo. Aunque muchas veces nos turbamos en las pruebas y en el dolor, no por esto estamos huérfanos de la presencia de Dios y de la siempre grata presencia del Señor Jesucristo.

Tercero, *"y os hará volver a la tierra de vuestros padres"*. La tierra prometida a Abraham, a Isaac y donde estuvo Jacob, que espiritualmente ellos pisaron y reclamaron, Dios haría que el pueblo hebreo volviera allá. ¿Cuándo? Cuatrocientos treinta años después saldrían de Egipto y cuarenta años después de vagar por el desierto entrarían a la conquista de Canaán. Un total de cuatrocientos setenta años.

Leemos: *"Y yo te he dado a ti una parte más que a tus hermanos, la cual tomé yo de mano del amorreo con mi espada y con mi arco" (48:22).*

Esta parte extra es porque Efraín y Manasés se incluyeron como tribus y a sus descendientes se le dio territorio, ocupando el mayor territorio de la Tierra Prometida.

En Génesis 49:1-27 se presenta una cadena profética de mensajes que Jacob dio a cada uno de sus hijos. En los versículos 28 al 33 se presenta la petición de Jacob de ser sepultado en la cueva de Macpela, al oriente de Mamré. Finalmente murió frente a todos sus hijos.

En Génesis 50:1-14 se presentan los cuarenta días que se guardaron a Jacob al ser embalsamado según la costumbre egipcia y se le lloró por los egipcios setenta días (50:1-3).

Después del luto, José pidió permiso al Faraón para enterrar a su padre Jacob en Canaán (50:4-5). El Faraón le dio permiso (50:6). José acompañado de una comitiva egipcia y con su familia, después de hacer duelo por Jacob durante siete días, lo sepultaron en la cueva de Macpela (50:7-14).

Conclusión

(1) El realizador siempre cumple las promesas hechas a otros y así demuestra su carácter. (2) El actualizador debe estar dispuesto a aceptar los cambios de Dios aunque no los entienda. (3) El triunfador sabe recibir la palabra profética que se le da.

LA PROFECÍA AL SOÑADOR

"Le causaron amargura,
Le asaetearon,
Y le aborrecieron los arqueros" (Gn. 49:23).

Introducción

Jacob, el anciano príncipe de los hebreos enfrentando el ocaso de su vida, reunió a todos los príncipes de su casa. Por orden le fue profetizando a cada uno. La más extensa de esas declaraciones proféticas fue la dada a José, su penúltimo hijo y el que más sufrió de todos.

La profecía que le pronunció a su amado príncipe José está cargada de aplicaciones prácticas. En la misma se enfoca la presencia de Dios y se señalan bendiciones para José en su vida presente, pasada y futura.

I. Profecía presente

"Rama fructífera es José,
Rama fructífera junto a una fuente,
Cuyos vástagos se extienden sobre el muro" (49:22).

Una traducción hebrea de la Torah lee: *"José es un asno salvaje, un asno salvaje cerca del manantial..."* Pero la traducción del hebreo en general es: *"Fructífero es José, hijo fructífero junto a la fuente de ramas subiendo sobre el muro"*.

Las palabras *"fructífero"* como traduce la Reina-Valera significa algo que lleva mucho fruto, que no es estéril, que posee la capacidad inherente de poder multiplicarse.

Por profecía se le declara a José que es una *"rama fructífera"*. No es el árbol completo, ni el tronco, ni las raíces, es solo una

117

"rama". Pero una *"rama"* bendecida. Usted puede ser una simple rama, pero Dios también le bendice.

Se nos menciona también *"a una fuente"* de la cual esa rama, a través del tronco y las raíces recibía su nutrición. Dios era la fuente de vida para José. En el Salmo 1:3 leemos: *"Será como árbol plantado junto a corrientes de aguas, que da su fruto en su tiempo, y su hoja no cae; y todo lo que hace, prosperara"*.

Jesús le declaró a la mujer de Samaria junto al pozo de Jacob: *"Si conocieras el don de Dios, y quién es el que te dice: Dame de beber, tú le pedirías, y él te daría agua viva"* (Jn. 4:10). Luego añadió: *"Mas el que bebiere del agua que yo le daré, no tendrá sed jamás; sino que el agua que yo le daré será en él una fuente de agua que salte para vida eterna"* (Jn. 4:14).

José se había abastecido de la fuente de agua divina. Había tomado de la presencia de Dios. Fructificó cuando otras ramas se habían secado. El soñador será siempre una *"rama fructífera"* mientras se mantenga cerca de Dios y la presencia divina le rodee.

Jesús dijo: *"Permaneced en mí, y yo en vosotros. Como el pámpano no puede llevar fruto por sí mismo, si no permanece en la vid, así tampoco vosotros, si no permanecéis en mí. Yo soy la vid, vosotros los pámpanos; el que permanece en mí, y yo en él, éste lleva mucho fruto; porque separados de mí nada podéis hacer"* (Jn. 15:4-5).

II. Profecía pasada

"Le causaron amargura,
Le asaetearon,
Y le aborrecieron los arqueros" (49:23).

En esta profecía Jacob alude al maltrato que los hermanos de José le infligieron cuando era joven. La traducción literal del hebreo es: *"Le amargaron, y dispararon, y le hostigaron señores de flechas. Y permaneció firme su arco y fueron flexibles de fuertes sus manos, por manos del Poderoso de Jacob, por causa del Pastor, de la Roca de Israel por el Dios de su padre"*.

Otras versiones traducen la primera parte del pasaje antes citado: *"Los arqueros los irritan los desafían y los atacan"* (Nueva Biblia Española). *"Le molestan y acribillan, le asaltan los flecheros"* (Biblia de Jerusalén).

En el hebreo se habla de *"señores de flechas"*, expertos flecheros. Aquellos que saben arrojar flechas. Hay enemigos visibles que pelean de cerca con la espada. Otros un poco a distancia arrojan las lanzas. Pero siempre se les puede identificar.

No así los expertos flecheros o los *"señores de flecha"*. Estos son enemigos que se esconden, se mantiene a distancia y saben como tirar sus flechas. Sus ataques son desde lejos.

Primero, *la flecha llamada la "amargura"* (Reina-Valera 1960). Esta flecha busca herir el ánimo y la disposición de una persona en lo que siente y en lo que hace. Si uno se deja herir todo se le vuelve amargo. Las actividades pierden su sabor y lo que se hace ya no tiene gusto.

Segundo, *la flecha llamada la "molestia"* (Biblia de Jerusalén). El arquero que arroja esta flecha desea herir la sensibilidad, desgarrar los sentimientos y neutralizar. Es una flecha que debe esquivarse, de penetrar en la persona le destruye sus aspiraciones, su deseo de lograr algo y le paraliza sus planes.

Tercero, *a flecha llamada "los desafían"* (Nueva Biblia Espiritual). El arquero que la arroja escondido detrás de los arbustos hiere para provocar. Declara la guerra a distancia. Busca crear conflictos. Hiere con desafíos negativos. Tenemos que protegernos de esa flecha que busca atravesar y alojarse entre nuestros pensamientos.

"Mas su arco se mantuvo poderoso, y los brazos de sus manos se fortalecieron por las manos del Fuerte de Jacob (Por el nombre del Pastor, la Roca de Israel)" (49:24).

"Mas su arco se mantuvo poderoso". A pesar de que sus hermanos arqueros le tiraron muchas flechas como la envidia, el rechazo, la persecución, la traición, la mentira... José también fue un arquero que nunca bajo su arco. No tiró flechas al que le arrojaba flechas. Pero siempre levantó su arco de poder. En su vida nunca perdió el poder del Espíritu Santo. Pero ese arco se le está bajando a muchos que no saben como mantener el poder, aunque le piden poder a Dios.

"Y los brazos de sus manos se fortalecieron..." No dejó que sus manos se le debilitaran. En los brazos y en las manos tenía fuerza. Muchos creyentes son fuetes en algunas áreas, pero se debilitan en otras. Se esfuerzan demasiado haciendo algunas cosas, pero se descuidan haciendo otros. Los apóstoles delegaron autoridad en diáconos diciendo: *"...a quienes encarguemos de este trabajo"* (Hch. 6:3). En cuanto a ellos: *"Y nosotros persistiremos en la oración y en el ministerio de la palabra"* (Hch. 6:4). El resultado: *"Agradó la propuesta a toda la multitud..."* (Hch. 6:5).

"Por las manos del Fuerte de Jacob". El fuerte de Jacob era Dios. En Él Jacob se refugió. Las manos de José eran fortalecidas por las mismas manos de Dios. El que quiera ser fuerte tiene que ser

fuerte en Dios. Busque que Dios le dé fortaleza espiritual. Deje que sus brazos le levanten los suyos.

"Por el nombre del Pastor, la Roca de Israel". Para José, Dios fue su *"Pastor"*. Siempre se vio como una oveja pastoreada, cuidada y protegida. Aunque aquellos que estamos en el ministerio pastoral tenemos que oler a ovejas. Aunque por fuera nos veamos como pastores, por dentro debe existir una oveja escondida.

Dios ha delegado su pastorado divino sobre pastores humanos. Los ha ungido con su Espíritu Santo y les ha encargado tan noble vocación. Ellos merecen nuestro respeto, nuestra sujeción y obediencia. Se les debe honrar, porque haciéndolo así honramos al *"Pastor"* que los llamó.

Pero además, Dios era la *"Roca de Israel"*. Jacob en Peniel luchó y prevaleció contra el Ángel de Jehová. Le dijo: *"No te dejaré, si no me bendices"* (Gn. 32:26). Como resultado el Ángel le cambió el nombre a Israel, que significa: *"porque has luchado con Dios y con los hombres, y has vencido"* (Gn. 32:28).

La roca que hirió Moisés en Edom, cerca de Petra la ciudad rosada del antiguo Imperio Nabateo, todavía da agua. Doy testimonio de esto porque he estado allí varias veces.

Para Israel Dios fue su "Roca", lo mismo fue para José. Para nosotros esa *"Roca"* es el Señor Jesucristo. La *"Roca"* inconmovible de los siglos sobre la cual se fundamenta nuestra fe, sobre la que se edifica la Iglesia: *"...y sobre esta roca edificaré mi iglesia; y las puertas del Hades no prevalecerán contra ella"* (Mt. 16:18).

Las versiones Reina-Valera 1960 y la Biblia de las Américas dan la impresión que se habla de José sosteniendo su arco y fortalecido por las manos de Dios a quién se le dan tres nombres: Fuerte de Jacob; Pastor y Roca de Israel.

En las versiones católicas romanas las traducciones señalan que el arco se refiere a los hermanos de Jacob y que ante Dios a ellos les temblaban las manos y los brazos.

"Pero el arco se les queda rígido y les tiemblan manos y brazos ante el Campeón de Jacob, el Pastor y Piedra de Israel" (Nueva Biblia Española).

"Pero es roto su arco violentamente y se aflojan los músculos de sus brazos por las manos del Fuerte de Jacob, por el Nombre del Pastor, la Piedra de Israel" (Biblia de Jerusalén).

Sea como sea, la voluntad de Dios es a favor de José y su

voluntad es en contra de sus hermanos. En el propósito de Dios el que parece perder es el que termina ganador. Los perdedores ante el mundo son los ganadores de Dios. Los ganadores del mundo son los perdedores para Dios. Los fracasos no siempre deben interpretarse como derrotas. Los triunfos no siempre son victorias.

III. Profecía futura

> "Las bendiciones de tu padre
> Fueron mayores que las bendiciones de mis
> progenitores;
> Hasta el término de los collados eternos
> Serán sobre la cabeza de José,
> Y sobre la frente del que fue apartado de entre sus
> hermanos" (49:26).

Jacob se desborda en bendiciones proféticas sobre José. Le bendice con bendiciones "de arriba" "de abajo", de su madre (49:25). A los hijos tenemos que bendecirlos. Muchos regaños y muchas críticas deben cambiarse por muchas bendiciones. Bendiga a sus hijos y a sus hijas a toda hora. Cuando le vengan a su mente, bendígalos. Al verlos acercarse a usted, bendígalos. Cuando los vea alejarse, bendígalos. ¡Bendígalos por la mañana! ¡Bendígalos por la tarde! ¡Bendígalos por la noche! ¡Bendígalos a todas horas!

Primero, *"el Dios de tu padre, el cual te ayudará"*. Así como Dios tuvo una relación personal con Jacob y lo ayudó, así Jacob le profetiza a José que Dios le ayudaría.

Segundo, *"el Dios Omnipotente, el cual te bendecirá"*. Jacob sabía que Dios todo lo podía. Y le declaraba proféticamente a José que Dios tenía todo el poder para bendecirlo. Hay bendiciones que se declaran como jerga religiosa, como expresiones habituales, pero hay bendiciones que profetizan el propósito de Dios para una vida. Bendiciones que dan cobertura espiritual, que favorecen a otros, que los ayudan a mejorarse.

José sufrió más que todos sus hermanos, por eso Jacob le dio más bendiciones que a ellos. ¡Entre más sufras, pídele a Dios más bendiciones! Cuando veas a alguien, que sufre demasiado, pídele a Dios que lo bendiga mucho, muchísimo.

Finalmente dijo Jacob de José: *"…que fue apartado de entre sus hermanos"*. ¿Quién lo apartó? Dios lo había apartado. Por esto todo lo que se pensaba en mal contra José, Dios lo transformaba en bien. Espiritualmente en José todo el mal se reciclaba para bien. El éxito del soñador, que aunque su barca se le llenó de agua, nunca se le hundió, fue porque Dios lo había apartado para cumplir su propósito en él.

Conclusión

(1) El soñador es una persona que fructifica. (2) El soñador será aborrecido por arqueros peligrosos. (3) El soñador ve su vida siempre bendecida, por que Dios recicla todo mal que se trame contra él.

LA MUERTE DEL SOÑADOR

"Y murió José a la edad de ciento diez años; y lo embalsamaron, y fue puesto en un ataúd en Egipto" (Gn. 50:26).

Introducción

A la muerte de Jacob, los hermanos de José se preocuparon y temieron que él les hiciera algún daño (50:15). Por esto le enviaron el recado de que su padre le pedía que los perdonara (50:16-17). Esto hizo llorar al soñador (50:18), quien les dio palabras de confianza y esperanza (50:19-21).

Después de José vivir ciento diez años y ver hasta la tercera generación de Efraín y criar los nietos de Manasés, le profetizó a sus hermanos el éxodo a Canaán. Él pidió ser sepultado allá, luego murió, fue embalsamado y puesto en un ataúd egipcio (50:22-26).

I. El temor

"Viendo los hermanos de José que su padre era muerto, dijeron: Quizá nos aborrecerá José, y nos dará el pago de todo el mal que le hicimos" (Gn. 50:15).

Diecisiete años después de estar en Egipto y haber muerto su padre Jacob (47:28; cp. 49:33), los hermanos del soñador experimentaron un sentimiento de culpa. El recuerdo de lo que le hicieron a José cuando era un joven de diecisiete años todavía los mortificaba

No hay peor acusador que el juez de la conciencia. El mal que se ha hecho a gente justa, nunca será borrado de la pizarra de la memoria. Los hermanos de José tuvieron que vivir toda su vida reviviendo su pasado y mala conducta, remordidos por la conciencia que los acusaba.

Ellos decían: *"Quizá nos aborrecerá José, y nos dará el pago de todo el mal que le hicimos" (50:15).* Sin la presencia de un padre que les ofrecía garantía social, los hermanos de José se sentían desamparados, desprotegidos e inseguros. Pensaban que José los aborrecería y los trataría mal. ¡Pero estaban muy equivocados! ¡Sufrían de una paranoia imaginaria! La mente les estaba jugando tretas y trucos.

En el mensaje que le enviaron a José dijeron: *"Te ruego que perdones ahora la maldad de tus hermanos y su pecado, porque mal te trataron; por tanto, ahora te rogamos que perdones la maldad de los siervos del Dios de tu padre" (50:17).*

Los hermanos de José continuaban reconociendo su maldad y su pecado. Se sentían malos y pecadores por lo que habían hecho. Su problema era de índole espiritual. Aunque Dios los perdonó, José los había perdonado, ellos todavía no se habían perdonado. Por esto confesaban: *"porque mal te trataron".*

Muchos seres humanos aunque Jesús los perdonó, se dejan engañar por el diablo que los continúa acusando. Se olvidan que cuando Jesús perdona no hay revanchas espirituales. El perdón de Dios es retroactivo. Cuando somos perdonados, somos perdonados.

II. El sentimiento
"Y José lloró mientras hablaban" (50:17).

Jesús también lloró ante la tumba de Lázaro (Jn. 11:35) y en su entrada triunfal a Jerusalén (Lc. 19:41). Al leer que *"José lloró"*, el mismo sentimiento nos cubre a nosotros.

Leemos: *"Y José lloró mientras hablaban".* Las palabras pueden hacer que uno ría o que uno llore, despiertan emociones o levantan sentimientos. El soñador era muy sentimental. Tenía las lágrimas a flor de ojos.

Ya con anterioridad, al ver a sus hermanos, expresó sus sentimientos: *"Entonces se dio a llorar a gritos..." (45:2).* Cuando se encontró con su padre Jacob también leemos: *"...y se manifestó a él, y se echó sobre su cuello, y lloró sobre su cuello largamente" (46:29).*

Busque siempre un hombre donde llorar. Alguien ante el cual pueda expresar su dolor y tristeza. Préstele su hombro a alguien para que llore. El ser humano necesita descargar y descansar sobre alguien. Jesús dijo: *Venid a mí todos los que estáis trabajados y cargados, y yo os haré descansar"*.

Los realizadores lloran cuando escuchan que a los que ayudan o han ayudado los malinterpretan, hablando y juzgando su carácter. No nos adelantemos a llegar a conclusiones sin antes ·tener pruebas en contra de la persona que acusamos. José fue víctima de una proyección sicológica nacida en sus hermanos.

Lloró porque se sentía sin culpa, inocente, estaba limpio. Su espíritu estaba en paz con Dios. En su corazón no había espacio para la venganza ni el rencor, solo tenía espacio para sueños buenos y no para pesadillas desagradables.

Leemos: *"Vinieron también sus hermanos y se postraron delante de él, y dijeron: Henos aquí por siervos tuyos" (50:18)*. En 44:16 dijeron palabras similares: *"...he aquí, nosotros somos siervos de mi señor..."* Todavía mantenían una actitud de esclavos, se sentían que no tenían voluntad propia. Eran libres en Egipto, pero querían ser esclavos. Veían a José como un amo y no como un hermano. No habían crecido en sus relaciones con él. José no tenía problemas con ellos, eran ellos lo que tenían problemas con él.

Juan V. Galdámez Palma narra esta ilustración de Simón Bolívar: Él ha sido uno de los hombres grandes de nuestra América Latina y figura entre los que han cambiado la historia del mundo. Nació en Caracas, Venezuela, el 23 de julio de 1783. Murió en Colombia, el 17 de diciembre de 1830. Murió tuberculoso y solo. Nadie quería vestir su cadáver y uno de los doctores lo hizo.

Tenía todas sus camisas rotas y se le buscó una prestada. Dejó sus huesos a su ciudad de Caracas; su libro más amado a la Universidad de Caracas. Nunca aceptó ser coronado, solo que se le conociera como "primer ciudadano de Colombia".

Fue el libertador de cinco naciones. Pagó el precio por la libertad de cerca de 2.500 esclavos de Perú con un millón de duros. En sus propias palabras dijo Simón Bolívar: "Yo doy un millón de duros para que se compren todos los esclavos del Perú, y se les dé su libertad. Y si no alcanza, daré lo que faltare de lo mío. Pues no basta que la nación sea libre de los extranjeros, si en ella hay todavía hombres esclavizados" (Adolfo Robleto, *501 Ilustraciones nuevas*, Casa Bautista de Publicaciones, 1984, pp. 138-139).

Dice la Palabra de Dios: *"Así que, si el Hijo os libertare, seréis verdaderamente libres" (Jn. 8:36)*. Por causa de Jesucristo somos libres del pecado, de la condenación, del infierno y del juicio eterno.

III. La respuesta

"Y les respondió José: No temáis; ¿acaso estoy yo en
lugar de Dios?" (50:19).

Esas palabras, *"no temáis"*, nos recuerdan lo expresado por
nuestro Señor Jesucristo: *"¿Por qué teméis, hombres de poca fe?"
(Mt. 8:26).* Con Jesús en la barca no pereceremos. Jesús es Señor
de las tempestades.

La falta de fe produce temor, desconfianza e inseguridad. Los
hermanos de José nunca crecieron en un grado de fe para con él.
El temor mata la fe, asesina la esperanza y fusila la confianza.

En 50:21 añade: *"no tengáis miedo"*. Les puso una inyección de
estima y de motivación. Notemos esta expresión del soñador a
sus hermanos: *"¿Acaso estoy yo en lugar de Dios?" (50:19)*. En el
curso de consejería pastoral se le enseña a los alumnos a no jugar
el papel de Dios en las sesiones de consejería, de parte del
consejero al aconsejado. Jugar a Dios es juzgar a otro.

Romanos 2:1 lee: *"Por lo cual eres inexcusable, oh hombre,
quienquiera que seas tú que juzgas; pues en lo que juzgas a otro, te
condenas a ti mismo; porque tú que juzgas hace lo mismo".*

El lugar de Dios ningún creyente puede usurparlo. José no
quería ponerse en lugar de Dios. Él conocía el lugar que a Dios le
correspondía. El *anthropos* no puede tomar el lugar del *Theos*. Dios
es el Creador, nosotros somos sus criaturas.

Una vez más el soñador les repite: *"Vosotros pensasteis mal contra
mí, mas Dios lo encaminó a bien, para hacer lo que vemos hoy, para
mantener en vida a mucho pueblo" (50:20; cp. 45:5, 6).* José estaba
definido en el propósito de Dios para su vida. Su testimonio no
era acerca de sus pruebas pasadas, sino del plan que Dios le dio
para su vida. ¡Metámonos en el programa de Dios! Luego les
promete: *"...yo os sustentaré a vosotros y a vuestros hijos. Así los
consoló, y les habló al corazón" (50:21).*

Primero, *"...yo os sustentaré"*. Tenía bendiciones para dar a sus
consanguíneos. Ante ellos él se hacía responsable. Un soñador
sustenta a los que están en necesidad. Comparte tus bendiciones
con otros que las necesitan.

Segundo, *"así los consoló"*. No los regañó, no peleó con ellos,
no discutió, los consoló. Esto era todo lo que necesitaban. Alguien
a quien ventilar sus preocupaciones y que tuviera oídos para
escucharlos. De vez en cuando necesitamos una catarsis mental,
emocional, espiritual, saquemos hacia fuera todo lo que nos está
afectando en el subsconciente.

Tercero, *"y les habló al corazón"*. Fue un comunicador con mucha puntería. Sus palabras dieron en el blanco perfecto. El consejero habla al corazón del aconsejado. La mucha verborrea enferma. ¡Hable al corazón!

Los predicadores con experiencia sabemos que llegar al corazón de los oyentes es comunicar con puntería. No es hablar "a" es hablar "con". Si se llega al corazón se llega a la persona.

IV. La muerte

"Y murió José a la edad de ciento diez años; y lo embalsamaron, y fue puesto en un ataúd en Egipto" (50:26).

El soñador llegó a anciano, celebró su cumpleaños número ciento diez (50:22) (¡El pastel tendría que grandísimo!). Por parte de su hijo Efraín vivió para ver a sus biznietos (50:23) y crió a los hijos de su nieto Maquir, hijo de Manasés (50:23). La bendición de Dios siempre lo acompañó. Fue padre, abuelo y bisabuelo, vio tres generaciones, a las cuales bendijo directamente con su presencia y con sus palabras.

Dios le reveló que iba a morir antes que sus hermanos y los reunió para hablarles: *"Yo voy a morir; mas Dios ciertamente os visitará, y os hará subir de esta tierra a la tierra que juró a Abraham, a Isaac y a Jacob"* (50:24).

Primero, *"Yo voy a morir"*. La muerte es lo más seguro que le va a ocurrir a uno (a no ser que Jesucristo venga y levante a su Iglesia). Tenemos que prepararnos espiritualmente para ella porque muchas veces se adelanta y no espera a que lleguemos al invierno, sino que nos sorprende en la primavera, el verano o el otoño.

Un amigo mío recibió el resultado fatal de su doctor. Le dijo: "Estás mal. Los resultados son desfavorables". A lo que respondió: "No es fácil pensar que se tiene que morir. Pero doctor, usted también se va a morir y puede que muera antes que yo. La diferencia es que yo sé dónde voy, pero ¿usted sabe dónde irá?"

Esta verdad de *"yo voy a morir"* nos debe alentar a vivir vidas plenas y satisfactorias en la presencia de Dios. Las pisadas de la muerte con la guadaña en su mano se escuchan cada día en nuestra vida. Sabemos que viene, pero no sabemos cuándo viene. Esperémosla sin mucha preocupación. Cuando llegue estaremos listos para ella.

Segundo, *"mas Dios ciertamente os visitará"*. Les ofrece una esperanza de visitación divina. Ve a Dios visitando a su pueblo hebreo cuatro siglos después en la persona del libertador Moisés. Jesucristo visitará de nuevo este mundo para levantar a su Iglesia al cielo.

Tercero, *"y os hará subir de esta tierra a la tierra que juró a Abraham, a Isaac y a Jacob".* El soñador profetiza el éxodo de Egipto. En su espíritu vio a su pueblo que abandonaba a Egipto.

Luego pidió: *"y haréis llevar de aquí mis huesos"* (50:25). Aunque moría y sería sepultado en Egipto, deseaba que sus huesos acompañaran al pueblo hebreo cuando este conquistara a Canaán (50:25; cp. He. 4:22).

En Éxodo 13:19 leemos: *"Tomó también consigo Moisés los huesos de José, el cual había juramentado a los hijos de Israel, diciendo: Dios ciertamente os visitará, y haréis subir mis huesos de aquí con vosotros".*

En Josué 24:32 leemos: *"Y enterraron en Siquem los huesos de José, que los hijos de Israel habían traído de Egipto..."*

El libro de Génesis termina con el versículo 26 del capítulo 50 donde se lee: *"Y murió José a la edad de ciento diez años; y lo embalsamaron, y fue puesto en un ataúd en Egipto".*

Allí en Siquem, no lejos de donde está el pozo de Jacob, del cual he bebido literalmente agua, la tradición mantiene una tumba conocida como la de José. Y por la misma judíos y palestinos han peleado. ¡El soñador murió, pero no sus sueños!

El Espíritu Santo y el Señor Jesucristo continúan activamente buscando y levantando soñadores, realizadores, triunfadores, actualizadores, que substituyan a José. Él murió, pero usted y yo vivimos para ser parte de una generación de soñadores. ¿Será uno de esos soñadores del tercer milenio? ¿Qué está soñando? ¿Cómo sus sueños pueden ayudar a su generación? El mundo y la iglesia están en espera de un soñador.

Conclusión

(1) A muchos seres humanos se les hace y se les hará difícil olvidar que fueron malos con algún soñador. (2) Los realizadores saben perdonar y son sentimentales cuando otros no lo entienden así. (3) El actualizador entiende que para que Dios cumpla con su propósito en su vida necesita tener que pasar la escuela del sufrimiento. (4) El triunfador es realista, se prepara para lo peor. Esto incluye enfrentar la muerte. Ellos mueren, no los sueños. Tampoco las metas, ni los logros y menos los propósitos.